Sabine Bode

»Ich will aber Agnetha sein!«

GOLDMANN

Außerdem von Sabine Bode im Programm

Älterwerden ist voll sexy, man stöhnt mehr (15991)
Lassen Sie mich durch, ich muss zum Yoga (31625)
Sorgen sind wie Nudeln, man macht sich immer zu viele (31675)

auch als E-Book erhältlich

Sabine Bode

»Ich will aber Agnetha sein!«

Verehrt, verhöhnt, verföhnt:
Mein Leben mit Abba

GOLDMANN

MIX
Papier | Fördert gute Waldnutzung
FSC® C014496

Penguin Random House Verlagsgruppe FSC® N001967

1. Auflage
Originalausgabe September 2024

Redaktion: Antje Steinhäuser
Bildnachweis: S. 6 © FinePic, S. 17 © Dave J. Hogan/Getty Images, S. 40 © Leif Skoogfors/Getty Images, S. 58 © Olle Lindeborg/AFP/Getty Images, S. 67 © Michael Ochs Archives/Getty Images, S. 101 + S. 114 © Eva Brauer, S. 128 © Oscar Abolafia/TPLP/Getty Images, S. 169 © Fredrik Persson/TT News Agency/AFP/Getty Images
Umschlag: Uno Werbeagentur, München
Umschlagmotiv: © FinePic®, München
Satz: Uhl + Massopust, Aalen
Druck und Bindung: GGP Media GmbH, Pößneck
Printed in Germany
GS · CB
ISBN 978-3-442-18000-4

www.goldmann-verlag.de

Für C *&* A

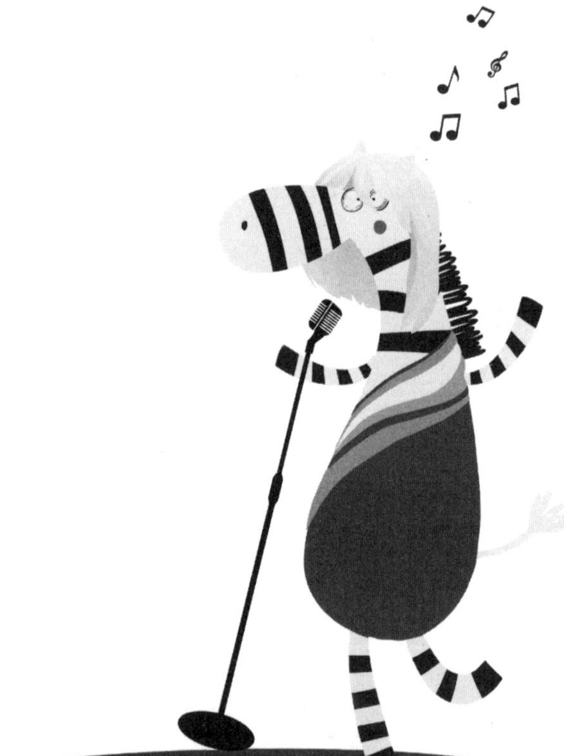

Inhalt

Intro: No History Book On The Shelf

Ein Interview, das (noch) nicht stattgefunden hat

O-ha. Noch ein ABBA-Buch. Was unterscheidet Ihr Buch von den Millionen anderen Titeln wie »ABBA – die komplette Story«, »ABBA – die jetzt aber wirklich total vollständige Premium-Story«, »ABBA – die Föhnfrisur im Wandel der Jahreszeiten« und »Conni hört ABBA«?
Ich habe versucht, ein Buch zu schreiben, das ich selber gerne lesen würde und in dieser Art noch nicht gefunden habe. Es ist eine Mischung aus Kolumne, Glosse, Kurzgeschichte und biografischen Splittern. Mal analytisch, mal albern, oft beides zusammen. Manchmal geht es viel um ABBA, manchmal liefern ABBA aber auch nur den Ausgangspunkt für die Auseinandersetzung mit weiteren absurden Phänomenen.

Gibt es denn irgendwas über ABBA, das noch nicht geschrieben wurde?
Wahrscheinlich nicht. Aber ich habe mir erlaubt, nicht nur über Musik, Mode und Zeitgeist zu schreiben, sondern mit Hilfe von ABBA auch zu verwandten Themen

zu kommen, die mit auf dem Weg liegen. Es ist gewissermaßen ein Spagat in Spandexhosen zwischen ABBA und allem anderen, was das Leben so mit sich bringt.

Hat uns eine Band, die vor fünfzig Jahren berühmt geworden ist, überhaupt noch was zu sagen?
Ich will es mal so ausdrücken, die Länge der Schulstunden unserer Kinder basiert auf einer Verordnung von 1911. Erwachsene Menschen gehen in Strumpfhosen auf Mittelaltermärkte. Und wegen eines *characters*, dessen Existenz noch nicht mal belegt ist, dürfen wir sonntags keine Wäsche im Garten aufhängen. Und ABBA sollen keine Bedeutung mehr haben? *Waterloo* war doch sozusagen gestern.

Sind Sie selbst ein Hardcore-ABBA-Fan?
Ich bin kein Fan-Girl, das man nachts um drei wecken und nach der Platzierung von *Knowing Me, Knowing You* am 4. April 1977 in Simbabwe fragen kann. Aber auch niemand, der nur eine *Best of ABBA-CD* im Schrank stehen hat und glaubt, das reicht für den Superfan-Ausweis. Ich sage »Anjäta« statt »Ak-neeta«, mein erstes Haustier hieß Frida und ich habe mir von meinem Taschengeld sämtliche LPs gekauft. Aber ein faktenspeiender Nerd bin ich auch nicht.

Muss man ausgewiesener ABBA-Experte sein, um dieses Buch zu goutieren?
Na ja, man sollte schon ein paar Basics wissen oder sich zumindest dafür interessieren. Der Rest ergibt sich auf

dem Weg. Wer irgendwo zwischen Realität und Retro-Romantik, zwischen Glamour und Gesundheitsschuh taumelt, der wird hoffentlich in Gedanken mittanzen.

Gibt es eine empfohlene Altersklasse?
Da ich selbst Mitte fünfzig bin und aus meiner Perspektive schreibe, gibt es in dieser Altersgruppe vielleicht das meiste Kopfnicken. Wobei das nichts heißen muss, denn in diesem Alter wackelt der Kopf ja oft von ganz alleine. Aber auch Menschen außerhalb der Doppelherz-Zielgruppe werden sicher einige, wie wir ABBA-Fans sagen, »Ahaaa-Erlebnisse« haben.

Warum sind ABBA auch heute noch omnipräsent?
Sie sind wie der Knirps in der Handtasche und der Notfall-Müsliriegel für unterwegs: Wenn's hart auf hart kommt, muss es eben ABBA sein.

Was erwartet die Leser konkret?
Det handlar om musik och kläder, om att vara blond och om konkurrens kvinnor emellan, men också om sömnlöshet och eskapism, en nyckelring och en knubbig humla.

(Das war Schwedisch).

Es geht etwa um Musik, um Klamotten, Schlaflosigkeit, eine Pummel-Hummel und 'nen Schlüsselanhänger.

Und es war Sommer: ABBA-Kalypse und Filterkaffee

Würde man eine Umfrage unter ABBA-Fans meiner Generation (also Fifty-Somethings) machen, wann sie das erste Mal von der Gruppe gehört haben, würden sicher viele sagen: Na klar, beim Eurovision Song Contest! Ich war fünf (acht? elf?) und auf dem Tisch standen ein Käse-Weintrauben-Igel und die eigens für Fernseh-Fressabende in Form gegossenen und in verschiedenen Sorten angebotenen Schokokugeln aus der *Tele Bar*. Aber wer hat diesen Moment wirklich miterlebt? Vor allem als Kind – die Siegerehrung dürfte ja erst weit nach Mitternacht erfolgt sein? Und wer hätte damals schon so hellseherische Fähigkeiten gehabt, diesen silber-blau glänzenden Star-Trek-Anziehpuppen eine Weltkarriere zu attestieren?

Der Auftritt ist so oft in diversen Dokus und Reportagen runtergenudelt worden, dass man glaubt, man war live vor dem Fernseher dabei. Wie so oft im Leben ist die Wahrheit oft bedeutend unglamouröser. Meine erste Begegnung mit ABBA, so habe ich es nach einigem Nachdenken aus meinem Erinnerungs-Kopfsalat herausgepult, hatte ich in einem Krankenhaus, in welchem ich dank eines zu spät entdeckten Hüftschadens einen großen Teil meiner Kindheit verbracht habe.

Ich war sieben Jahre alt und verbrachte meine Zeit in einem Gitterbett, was irgendwie seltsam war, denn von den Füßen bis zur Brust eingegipst, waren die Chancen, dort herauszufallen, sehr gering. Die einzigen Beschäftigungen, die sich in Rückenlage ausführen ließen, bestanden darin, ein Max-und-Moritz-Schiebe-Puzzle bis zum Exzess hin- und herzuschieben, bis das Bild richtig war, oder einer nackten Puppenschablone auf einer selbstklebenden Scheibe diverse Modesünden anzuziehen. Nicht gerade tagesfüllend, und die auf mittwochs und samstags beschränkten Besuchszeiten gestalteten den Alltag auch nicht gerade abwechslungsreicher.

Nachmittags saßen die Krankenschwestern in einer Ecke des großen Saals immer am Tisch und tranken Bohnenkaffee. Es roch herrlich, und ich fragte mich, ob er auch so gut schmeckte, wie der Duft verhieß. Wenn sie ihren Kaffeeklatsch veranstalteten, legten sie uns manchmal einen Säugling von der angrenzenden Neugeborenen-Station ins Bett. Zum Spielen, wie mit einem Welpen. Was bei mir wenig Sinn machte, denn ob da nun ein zappelndes Bündel zu meinen Füßen lag oder ein Handtuch, war ziemlich egal, ich kam ja eh nicht dran.

Überhaupt fand ich die Kompetenzen des Betreuungspersonals eher fragwürdig. Eine Schwester fragte mich abends mal, warum ich meine Brille absetzen würde, so würde ich ja gar nicht sehen, was ich träume. Ich dachte, sie sei nicht mehr ganz bei Trost, oder wie man damals im Ruhrgebiet sagte: Die hamse wohl mit'm Hammer gekämmt.

Ich weiß nicht, ob es nur meinen eingeschränkten Bewegungsmöglichkeiten oder dem generellen Misstrauen gegenüber dem Pflegepersonal geschuldet war, jedenfalls entwickelte ich nach einigen Monaten in der Waagerechten etwas, von dem ich erst später erfahren sollte, dass man es stereotype Bewegungen als Folge von Hospitalismus nennt: Wie ein Elefant im Zirkus den Kopf hin- und herschaukelt, bewegte ich den Oberkörper in fast schon zwanghaften Bewegungen abwechselnd zur einen und zur anderen Seite, so weit es eben ging. Da kam es mir gerade recht, dass aus dem Zimmer nebenan, in dem die Älteren (also ab zehn aufwärts) untergebracht waren, auf ihren Kassettenrekordern die Hits des Jahres 1976 dudelten: *Moooviestar*, *Mi-hi-ssissippi* oder das textlich doch sehr schlichte *Daddy Cool*. Ich wunderte mich, warum es für Peter Maffay das erste Mal im Leben Sommer war, denn der sah ja schon damals ziemlich alt aus, und was Jürgen Drews eigentlich meinte, als er in *Ein Bett im Kornfeld* zugab »Ich brauch' keine weichen *Daumen*«. Am meisten aber blieben mir *Fernando*, *Mamma Mia* und *Dancing Queen* im Ohr. Wenn diese Songs liefen, summten auch die Schwestern in der Kaffee-Ecke mit, und ich konnte ungeniert mit den Schultern zucken, ohne dass es weiter auffiel.

Irgendwann kam der Gips ab. Meine Beine waren streichholzdünn, und ich wurde in einem Rollstuhl nach draußen gefahren, wo gerade ein Sommerfest im Gange war. Dort gab es Eierlaufen, Sackhüpfen und lauter anderes Zeug, was sicher großen Spaß machte, wenn man gehfähig war. Mir war's schnurz, denn durch meine Hornbrille hatte ich einen guten Blick auf ein kleines Podest, auf dem ein etwa zehnjähriges Mädchen in Schlagjeans und geblümtem T-Shirt zur Begleitung einer Schülerband *Mamma Mia* sang. Das Lied, zu dem ich im Bett in meinem kalkweißen Korsett immer zur Gipsi-Queen mutierte und in Wipp-Ekstase verfiel! Auf Englisch oder vielmehr dem, was ich und sie dafür hielten! Auswendig! In ein echtes Mikrofon! Ohne Lampenfieber! Ich war völlig geflasht. Dieses Kind war für mich eine Göttin. So viel Traute müsste man erst mal haben!

Es war ein zaghaftes Blicken durch den Türspalt hinein in das Zimmer, das man Zukunft nennt. Und ich hatte die leise Ahnung, dass es kompliziert werden würde: Ich wollte so alt werden, dass ich mich trauen würde, vor Publikum *Mamma Mia* zu singen, aber nicht so alt, dass ich glauben würde, man bräuchte zum Träumen eine Brille.

Im Nachhinein betrachtet war mir dieser kleine Moment lieber als ein nach Mettschnittchen müffelnder Europa-singt-um-die-Wette-Abend. Ich gönne allen, die dabei waren, dass sie sich lebhaft an die gereichten Fliegenpilz-Eier und das Fürst-Pückler-Eis auf dem guten WMF-Servierteller erinnern und davon vor dem Bluescreen in irgendwelchen »Die 50 meistabgenudelten Hits der letzten 99 Jahre«-Retro-Shows berichten. Mein *Mamma-Mia*-Girl aber gehört mir ganz alleine. Es hat sich fest in mein Hirn gebrannt wie mein Gips in die wundgescheuerte Haut. Was auch immer Peter Maffay in seinem denkwürdigen Sommer erlebt haben mag, besser als diese Darbietung kann es nicht gewesen sein. Und so möchte ich diesem unbekannten Wesen jetzt und hier entgegenrufen: Danke, dass du mein erstes Role Model warst. Wer braucht schon Marie Curie, Audrey Hepburn oder eine von diesen ABBA-Frauen, die ich damals noch gar nicht namentlich kannte?

Denn Wembley Arena kann jeder. Aber auf einem Sommerfest im popeligen Herten neben einem verpeilten Bontempi-Orgel-Typen »Mamma Mia, hiwi go ä-häm« zu säuseln, während nur circa fünf Leute zuhören und der Rest sich lautstark erkundigt, wie viele Wertmarken man für eine Bratwurst benötigt, dazu braucht man ein Mindset, das einem heute nicht mal ein Jürgen Höller in einem Zehntausend-Euro-Motivationskurs einpflanzen könnte. Und so ließ ich mich an jenem Tag freudig wieder ins Zimmer zurückschieben, selig grinsend und wissend: Das Leben kann kommen.

Bilder im Kopf: Who the f*** is Benny?

Ich habe ein guilty pleasure. Beim abendlichen Spazierengehen gucke ich gerne im Vorbeigehen in erleuchtete Wohnungen hinein. Nicht notorisch wie James Stewart in *Das Fenster zum Hof*, nein, ich versuche vielmehr im wahrsten Sinne des Wortes beiläufig einen kurzen Blick auf die Einrichtung oder gar einen Moment der sozialen Interaktion zwischen den Bewohnern zu erhaschen und so ein wenig Kopfkino-to-go mitzunehmen. »Lünkern« heißt dieses interessierte Observieren bei uns im Ruhrgebiet und ich gestehe: Ich liebe es.

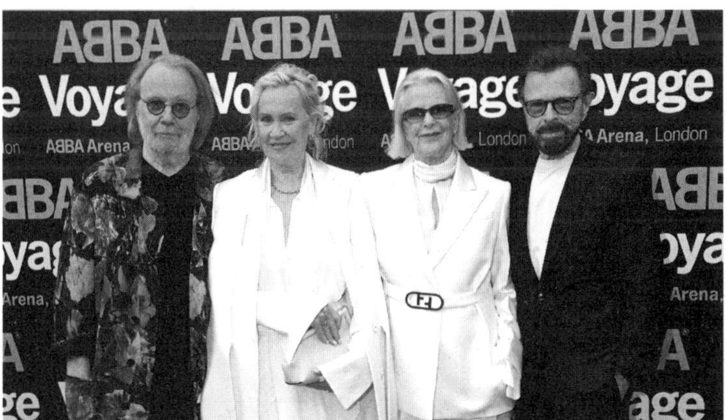

Reise zurück in die Zukunft

Manchmal sieht man jemanden emsig in der Küche hin- und herlaufen. Manchmal sieht man nur Schatten am Tisch sitzen und hört durchs offene Fenster Musik. Ich kenne diese Menschen nicht, aber durch eine kleine Bewegung oder auch einen Ausruf (»Ker, dooh, mamma die Musik leiser!«) wird sofort meine Fantasie angekurbelt.

Wenn einer etwa das Wort »Musik« auf der ersten Silbe betont, stelle ich mir sofort vor, dass dieser Mensch mit Sicherheit Volker mit Vornamen heißt und beim Servieren »Guten Appe« wünscht. Dann denke ich, gut, dass ich kein Teil dieses Familienverbunds bin. Ist ja schnell passiert, einmal nicht hingeguckt, und man hat Nachkommen mit jemandem, der beim Verabschieden »Piss dann, aber nicht vor meiner Haustür« sagt.

Wenn ich sehe, wie jemand mit einer Designer-Schere ein paar Blättchen Basilikum von der Fensterbank schnippelt, denke ich sofort: Was für ein aufmerksamer Typ Mensch! Der hat bestimmt seinem Schatz nach einem langen Arbeitstag schon ein Entspannungsbad eingelassen und bringt diesem gleich ein selbst geschmiertes Bütterchen mit Grünzeug-Haube an die Chaiselongue. Oder ist es einer von diesen dopaminsüchtigen Food-Influencern, die sich ein Tiefkühlbaguette in die Mikrowelle werfen, ein paar Blättchen drüberstreuen, sich damit lässig in die Fensternische fläzen, alles auf Insta hochladen (#comfortfood) und so tun, als hätten sie den Sauerteig drei Tage lang selbst geknetet?

Dieses leicht verboten scheinende Eindringen in die Privatsphäre fremder Menschen ist ein bisschen peinlich, aber auch sehr kurzweilig.

So ist das auch mit meinen Bildern der ABBA-Mitglieder. Ich bilde mir ein, etwas über sie zu wissen, mir davon etwas abzugucken oder mich davon abzugrenzen, und versuche damit mein eigens Dasein irgendwie zu definieren, ganz egal, wie bruchstückhaft meine Persönlichkeitszeichnung auch sein mag.

Genauso wie ich gerne Rezeptbücher durchblättere und in den Abbildungen schwelge, genau wissend, dass ich die 35-Zutaten-Kreationen niemals nachkochen werde, schaue ich mir gerne ABBA-Bildbände an und tauche in die Gesichter und Geschichten ein. Es sind nicht nur Erinnerungen an alte Zeiten, die einen dann so wohlig streifen wie ein altes *Fruit Of The Loom*-Sweatshirt, das man seit vierzig Jahren im Schrank hat. Es ist auch das willkürliche Hineininterpretieren von Charaktereigenschaften und Abgleichen mit dem eigenen Empfinden, ohne die Person je getroffen zu haben. Dann kann ich mir ganz ohne Schuldgefühle wie eine Adelsexpertin vorkommen, so eine Föhnfrisuren-Tante mit komischem Namen wie Sophie von Kiesbach-de-Lumière, die aufgrund von vagen Anspielungen in der Klatschpresse ein Psychogramm von Thronfolger XY aus dem Ärmel schüttelt, das in puncto Fundiertheit einem Friseursalon-Gespräch in nichts nachsteht:

»Hömma Hilde, datt Prinzessin Viktoria iss ja der ihre Mutter wie aussen Gesicht geschnitten!«

»Jau, Inge, und die ist genauso pfiffich! So wie dat Silvia sich als Olympia-Saftserviererin den Könich geschnappt hat, hat die sich ja ihren schmucken Fitnesstrainer gekrallt, nä! Dabei kann der noch nich ma richtig schreiben tun!«

Wenn ich mir zum Beispiel Frida angucke, dann sehe ich eine bodenständige Frau, lebenslustig und nahbar. Sie hatte die Haare meistens über die Rundbürste nach innen geföhnt und sah damit aus wie meine Grundschullehrerin, wenn nicht gar wie ALLE Grundschullehrerinnen der 70er-Jahre. Freundlich, aber direkt und ohne Sinn für Firlefanz. Sie nahm Tanzunterricht, genoss ihre Solo-Einlagen auf der Bühne und hatte ein Faible für Pelzmäntel, das fand ich immer scheiße. Andererseits: In Schweden ist es sicher etwas kälter als hier und die haben's da vielleicht nicht so mit Tierschutz.

Die Schüchterne zu spielen überließ sie lieber Agnetha. Diese biss sich beim Singen immer verlegen auf die Unterlippe, was immer ein komisches Bild zwischen lasziv und verzweifelt ergab. Mit ihren blonden Haaren war sie quasi die Blaupause der hübschen Schwedin von nebenan und eine Melange aus dem *Rama*-Girl, das in der TV-Werbung im Garten versammelten Familien mit dem Fahrrad die Margarine bis an den Frühstückstisch ausfuhr, und einem engelsgleichen Bühnenstar ohne Extravaganzen. Überhaupt schien sie die ewig Zerrissene, zwischen Popstar und Mutti, zwischen Glamour und Grundgütigkeit, zwischen Showgirl und Schnee-Spaziergängerin, deren Vorliebe für hellblauen Lidschatten die Dramatik ihres Daseins zart unterstrich.

Björn war für mich immer ein erwachsener Lillebror, dieser pausbäckige Junge aus *Karlsson vom Dach*. Ich fand ihn stets ein wenig weird, weil er immer wieder versucht hat, ohne irgendwelche diesbezüglichen Qualifikationen zu singen und sich auch gerne in die lächerlichsten Klamotten gezwängt hat, ohne zu merken, dass er in einem violett glänzenden Gymnastikanzug aussah wie die lange lila Praline in der *Quality Street*-Dose. Gepunktet hat er bei mir in späteren Jahren, als er seine Rolle im charmanten Medienprofi gefunden hatte, immer gentlemanlike und einen Scherz auf den Lippen. Er gibt sich quasi als Alleinverwalter des ABBA-Erbes, der souverän vor die Mikros tritt und sich und seinen Hund gerne auf Social Media inszeniert.

Und Benny? Wer ist eigentlich Benny? Über Benny weiß ich am wenigsten. Er ist für mich der ewig grinsende und wippende Typ am Keyboard, der es irgendwie geschafft hat, modische Monstrositäten zu umgehen und sich auch verbal eher im Hintergrund zu halten. Er hat ein verschmitztes Grinsen. Eines, mit dem Michael Schanze einen fünfjährigen Steppke nach der lückenhaften Intonierung von *Alle meine Entchen* mit einem »Du, das war tomatenstark!« abmoderiert hätte.

Sehr herzerwärmend war auch sein Auftritt bei der *Voyage*-Premiere, als die Damen in edlem cremefarbenen Designer-Stöffchen erschienen, Björn im Smoking – und Benny in einem langen, gewagt geblümten Walla-Mantel. Vielleicht war es ein Designer-Cape von irgendeinem Top-Couturier, aber es sah halt aus wie der Morgenmantel von Oscar Wilde, der darin das Feuilleton des *Daily Telegraph* gelesen und Scones gefrühstückt hat. Und das war auch ein Statement: Sollen die anderen sich doch abstimmen, ich zieh meinen Blumenmantel an. Ich wette, Benny ritzt seiner Familie morgens ein Herzchen ins Toastbrot und nennt die Vögel, die im Morgengrauen seine reichlich bestückte Fütterungsstelle aufsuchen, alle beim Vornamen.

Dies alles sind sehr subjektive Wahrnehmungen und sie haben mit großer Wahrscheinlichkeit gar nichts oder nur sehr wenig mit der Realität zu tun. Da ich aber weder mit Frida in einer Aqua-Gymnastik-Gruppe bin noch Björn morgens auf der Hundewiese treffe, muss ich mich auf das stützen, was ich habe: Geschriebenes, Gesungenes, Gesagtes, von ihnen selbst und von anderen. Kleine Gesten und Gesprächsfetzen, die vielleicht aufschlussreicher sind als dicke Biografie-Schinken. Vielleicht ist es auch besser, an das Gute in Menschen zu glauben, die man gar nicht kennt, als sich mit der bröckelnden Fassade jener zu befassen, die nur scheinbar gute Freunde oder liebende Familie sind. Wie dieser eine Typ, der sich bei *Goodbye Deutschland* als liebenswerter Schweden-Auswanderer inszeniert hat, in Wahrheit aber ein gesuchter Mutter-Mörder war.

Da halte ich lieber fest an meiner Lünker-Leidenschaft, die ja vielleicht doch weniger pathologisch ist, als ich vermute – immerhin leben wir in Zeiten, in denen unbekannte Botox-Visagen im australischen Urwald von ihren missglückten Butt Lifts und Klinikaufenthalten wegen Labellosucht berichten, während sie in der Hocke ihre tägliche Bohnenmahlzeit entleeren.

Egal, ob beim Durch-die-Fenster-Spähen oder beim

Bildbände-Bestaunen, man kann sich aus diesem Persönlichkeits-Puzzle vortrefflich jene Teilchen herausfischen, die einem bemerkenswert erscheinen, und sich sein eigenes Lebensziel basteln. Und es ist doch in jedem Fall besser, sich eine bruchstückhafte Meinung von jemandem zu bilden, als die Kürbis-Avocado-Torte aus dem Lieblingsrezeptbuch nachzubauen, die in jedem Fall in die Hose gehen wird.

Wenn ich mal irgendwann zum neunzigsten Geburtstag von einem Lokaljournalisten gefragt werden sollte, was man für ein langes, zufriedenes Leben braucht, so stelle ich mir jetzt schon vor, wie ich sagen werde: Ein bisschen Drama, eine Rundbürste, Basilikum auf der Fensterbank und einen geblümten Mantel für alle Fälle.

Mein …

… **Lieblings-Agnetha-Moment:** Als sie 2013 mit Gary Barlow bei *Children In Need Rocks* den gemeinsamen Song *I Should Have Followed You Home* performt. Es ist der erste Auftritt nach langen Jahren des Rückzugs. Ein eher schwacher Song, aber der »Da isse wieder!«-Effekt im Publikum ist deutlich spürbar: Mein Gott, sie ist es wirklich! Diese Stimme! Diese sich beim Singen kräuselnde Nase! Der zaghafte Hüftschwung! Man spürt im Publikum die wohlig-warme Welle der Rührung, die man sonst nur verspürt, wenn man ein altes, verloren geglaubtes Schmusetier auf dem Dachboden findet.

Lieblings-Björn-Moment: Als er bei der Premiere von *Mamma Mia – das Musical* in Essen 2007 auf die Bühne kommt und ich mit zittrigen Händen ein Video mit der Digitalkamera mache, um seine Dankesworte (auf Deutsch!) festzuhalten: »Ich war schon einmal in Essen, mit ABBA in der Grugahalle vor dreißig Jahren. Hier bin ich wieder … mit denselben Liedern!« Während ich mich sonst über filmende Konzertbesucher gerne aufrege, konnte ich hier nicht umhin, das aufgeregte Fan-Girl zu spielen. Aber hey, damals war ich jung (noch unter vierzig!) und ungehemmt.

Lieblings-Frida-Moment: Als sie im (zugegebenermaßen etwas amateurhaften) Video zu *Head Over Heels* übermütig und ein wenig »drüber« die Titelheldin mimt. In dem Song geht es um eine egozentrisch-überzogene Frau, die mit ihrer Geltungssucht anderen auf den Keks geht. Während Agnetha in *The Winner Takes It All* oder *One Of Us* perfekt die Leidende mimt und damit auch ihr Image als einsame Greta Garbo fördert, spielt Frida hier genüsslich die Rolle der überkandidelten Nervensäge, ohne dass jemand auf die Idee kommen würde, die private Frida mit der gezeigten Drama-Queen zu verwechseln. She's extreme … if you know what I mean!

Lieblings-Benny-Moment: Als er bei der *Voyage*-Premiere in London 2022 einem englischen Reporter des NME, der ihm das Mikro hinhält, einfach nur trocken entgegenschleuderte: *»You never liked us.«* Ohne Rachegefühle, ohne Häme, einfach nur feststellend und allenfalls mit einem kleinen Fünkchen Genugtuung. Es war fast, als hätte der Flower-Power-Mantel auch die unsichtbare Superkraft »Sag immer die Wahrheit!« um ihn gelegt. Klarer Fall: Die Welt braucht mehr Bennys!

Waterloo in Wuppertal: ABBA ist für alle da

Gelegentlich belauscht man zufällig Gespräche, die man nie vergisst und immer wieder gerne auf Partys erzählt. Eine meiner lebhaftesten Erinnerungen an ein solches ist diese hier: Ich stehe in einem Plattenladen in Wuppertal (Plattenladen, liebe Kinder, das ist wie *Spotify*, nur dass ständig einer nuschelt »Nö, hamwanich!«). Einem kleinen Indie-Laden mit einem Plattenverkäufer im *Pearl Jam*-Shirt, der, wie wohl alle Plattenverkäufer Anfang der 90er, gedankenverloren hinter der Kasse sitzt und die *Visions* liest.

Auf einmal kommt ein Typ in den Laden, der mangels Band-Shirt oder schräg umgehängter Streetworker-Tasche keine rechte Indie-Credibility zu haben scheint, auf den Verkäufer zu und sagt: »Grüß Gott. Ich bin auf der Suche nach einem Song von Kate Bush. Der geht so …« Just in dem Moment, als der Mann zum Gesang ansetzen will, den ich wirklich sehr gerne vernommen hätte, schreitet der Kassenmann mit einer verbalen Blutgrätsche ein und schreit: »Stopp! In meinem Plattenladen singt niemand Kate Bush! Außer Kate Bush!«

Bäm, das war mal eine Ansage! Ich weiß nicht mal mehr, ob er den perplexen Tenor direkt des Ladens verwiesen hat, aber dieser resolute Ehrenretter des elegischen Elfengesangs von Frau Bush ist heute noch mein heimlicher Held. Allerdings einer, auf den man sich nicht verlassen kann: Wo warst du, als Markus Söder im ABBA-Museum in Stockholm auf der Bühne versuchte, *Dancing Queen* zu singen und diesen Volksnähe-Fail dann auch noch zwischen den Fotos von seinem mittäglichen Bratwurstgemetzel gepostet hat? Und auch noch von seinem Mediateam darunter tippen ließ »Dancing Queen ist mein absolutes Lieblingslied« (der Nachsatz »und auch das einzige, das ich kenne« passte wohl leider nicht mehr ins Insta-Textfeld).

Warum hat ihm keiner das Mikro weggenommen? Oder gleich das ganze Internet, damit er nicht mehr seinen drei Hobbys frönen kann – Tiere streicheln, Tiere essen oder sinnlos auf Wiesen rumstehen wie der Bärenmarke-Bär?

Söder als Popliebhaber – das ist so edgy wie Helmut Kohls Vorliebe für den Wolfgangsee. Wenn Mucker-Markus in einen bayerischen Plattenladen gehen würde, würde er sicher sagen: »Griasdi, ich suche da so ein Lied von Genesis, und das geht so: ›Weee are se Schämpjens, mai Fräääands!‹ Wissens, des is mei Lieblingslied vom Collins Phil! Habens auch noo was von die Wildecker Herzbuam?«

Sorry, ABBA, dass ihr das noch erleben musstet. Ihr wart schon so vielem schutzlos ausgeliefert: *Mamma Mia 2*, Chers Cover-Album *Dancing Queen* oder *André Rieu celebrates ABBA*.

Haben die euch eigentlich gefragt? Natürlich nicht, weil

sie nicht müssen. Die paar Cent GEMA-Gebühren zahlt jeder Showact-Simulant aus der Portokasse. Wo bleibt der Respekt vor Leuten, die ihren Job gelernt haben? So wie sich jeder Makler nennen darf, der »exquisite Wohngegend« buchstabieren kann, und jeder ein Journalist ist, der unter Recherchieren Googeln versteht, darf sich jeder Vorstadt-Vollhonk im halbärmigen karierten Freizeithemd und jede Nagelstudio-Nadine, die ihre Lack-Laube nicht weniger selbstüberschätzend »Nici's Nail's« nennt, zum Teilzeit-Popstar ernennen.

Solide Ausbildungsberufe gelten anscheinend nichts mehr. Würde man bei einem Neurochirurgen, den man auf einer Vernissage trifft, sagen: »Ach, wie interessant, das werde ich auch mal machen, wenn ich in Rente bin!«?

Um rohen Fisch in Algenblättern aufzuwickeln, braucht man eine zweijährige Ausbildung zum Sushi-Meister und muss vorher schon drei Jahre Koch gelernt haben. Aber die edelsten Popsongs der Welt vor den Augen der Öffentlichkeit zu Grütze zu stampfen, das darf jede dahergelaufene Schlager-Else auf jedem beliebigen runden Geburtstag und jeder Ministerpräsident auf Reisen, wenn gerade kein Hochwassergebiet zum Posieren in der Nähe ist.

Nur so als kleiner Wink mit dem Zaunpfahl in Richtung Urheber: Pharrell Williams hat eine Unterlassungsaufforderung an Donald Trump gerichtet, nachdem dieser seinen Song *Happy* 2018 bei einer Kundgebung spielen ließ. Neil Young und Eddy Grant haben sogar geklagt, weil er einfach deren Songs bei seinen Wahlveranstaltungen genutzt hat. Ich frage mich, was in ABBA vorgeht, wenn ihnen Bilder vom deutschen ESC-Vorentscheid zugespielt werden, in dem Barbara Schöneberger und Florian Silbereisen wie selbstverständlich ein ABBA-Medley stammeln, ohne vorher um Vergebung gebettelt zu haben.

Wenn sie so was sehen, müssten sie doch mindestens so leiden wie *Die Toten Hosen*, als *Tage wie diese* auf der Wahlfeier der CDU gespielt wurde, die bei der Bundestagswahl 2013 als stärkste Partei hervorging und Volker Kauder, Angela Merkel und Ursula von der Leyen ungehemmt klatschten und tanzten wie ein Kegelclub aus Wanne-Eickel im ZDF-Fernsehgarten. Die Band kommentierte damals nur trocken: »Das war wie ein Autounfall: Nicht schön, aber man schaut trotzdem hin …«, während in jedem Einzelnen wohl eine kleine Welt zerbrochen ist.[1]

ABBA hingegen scheinen die Devise zu haben: »Was stört's die Eiche, wenn sich die Sau dran wetzt?«

Und ist es nicht schön, dass Musik Menschen zusammenbringt? Auf jeden Fall. Aber ob damit wirklich gemeint ist, dass der brasilianische Begrüßungstrupp die AIDA-Touristen aus der Eifel beim Landgang in Rio mit *Tropical Loveland* begrüßt? Steht uns gar der ABBA-Overkill bevor?

Allein im Ruhrgebiet, so ergaben Stichproben, gibt es am heutigen Samstag, an dem ich diesen Text hier verfasse, einen ABBA-Mitsing-Abend, eine Coverband, einen *Dancing Queen* Boogie-Tanzkurs sowie ein Queen-meets-ABBA-Candlelight-Dinner. Letzteres ist offenbar eine ticketgewordene Packung *Die Besten von Ferrero*; ein Notfall-Geschenk für Leute, die man nicht kennt: »Och,

Queen und ABBA, von denen haben Thorsten und Birte doch bestimmt schon mal gehört, dann noch mit Kerzen und so, voll schön, da kann man nichts falsch machen? Oder doch lieber ’ne Flasche Wein?« Wer ein bisschen weiter wegfährt, kriegt noch die ABBA Story und ein *Mamma Mia* meets Udo Jürgens-Event vor den Latz geknallt, das die Welt genauso dringend braucht wie vergoldete Steaks oder Speiseeis mit Thunfischgeschmack.

Was kommt als Nächstes? ABBA-Entschleunigungs-Weekends in den Stockholmer Schärengärten, bei denen man drei Tage nur *Andante, Andante* hört und Katzen-Mandalas ausmalt? Escape-Room-Garderoben, in denen man sich innerhalb von einer Stunde aus einem hautengen Satin-Overall befreien muss? Oder ein Laienmusical für Schützenhallen in Hundert-Seelen-Dörfern, *Mamma Mia* meets Laura Müller?

ABBA sind inzwischen das Allzweck-Deodorant der Popbands: So wie man früher im TV-Spot für *bac* werbewirksam befand, dass der Schweißstopper weder deins noch meins ist, sondern allen Familienmitgliedern gemeinschaftlich gehört, gilt die Maxime: ABBA ist für alle da.

Und darum erscheint die Hemmschwelle zur Imitation vergleichsweise niedriger als bei den *Jackson Five* oder *U2*. Man interpretiert ABBA so schamlos, wie man vor die Boutique gestellte Kleiderbügel mit der Aufschrift »zum Mitnehmen« einsteckt. Es wird einem ja auch leicht gemacht: Bei *amazon* kann man unter dem Schlagwort »ABBA Kostüm« für fünfundzwanzig Euro einen schäbigen Synthetik-Fummel bestellen, mit dem jeder Gabelstaplerfahrer zum Glitzergott mutiert. Die ABBA SingStar Edition suggeriert, dass jeder, der lesen kann, in Schwedenpop schwelgen kann ... bis man sich dann bei Chips und Shots übermütig an *Eagle* versucht und schon bei den ersten Klängen das Wort »Amateur!« ins Bild ploppt, was noch eine freundliche Umschreibung für »Mörder!« ist. Bei den trinkfesten Briten ist diese chronische Selbstüberschätzung schon ein Teil der Wochenendkultur geworden. Zur Freude von Comedian Michael McIntyre, der für die Show *ABBA-Oke* im ganzen Land heimlich in Karaoke-Bars Kameras hat aufstellen lassen, um die wieder ernüchterten Interpreten vor einem Millionenpublikum auflaufen zu lassen: After-Work-Agnethas und Feierabend-Fridas, die in schummrigen Karaoke-Bars *The Winner Takes It All* zerstören oder kurz bevor sie mit dem Gesicht voran auf die wacklige Bretterbühne klatschen in die Zeilen von *Take A Chance On Me* noch eine Bierbestellung quetschen.[2]

Die Schmach für die Opfer, diese Dokumente im nüchternen Zustand noch mal erleben zu müssen, wurde noch erhöht, indem Björn persönlich in der Show zu Gast war, um die Fails zu kommentieren. Dies tat er natürlich gewohnt charmant und wohlwollend. Aber die Show ist auf YouTube nicht von ungefähr mit dem Titel »Haben ABBA deshalb beschlossen, dass sie sich wiedervereinigen müssen?« versehen. *ABBA-Oke* ist quasi eine Entschuldigung für ein jahrzehntelanges Missverständnis: ABBA waren nie peinlich, peinlich waren immer nur die Nachahmer.

Während in England also absurde Anmaßung ordnungsgemäß bestraft wird, wird hierzulande noch viel zu viel geduldet. Und da müssen wir eingreifen, bevor es zu spät ist.

Wenn wir nicht aufpassen, werden wir bald von einer Welle an Nylon-Narzissten und Inszenierungs-Idioten überrollt.

Ich fordere daher die sofortige Einführung des folgenden Gesetzes: Jeder, der in der Öffentlichkeit ABBA singt oder Liedgut, das in Stil und Melodieführung ABBA ähnelt, hat ab sofort unaufgefordert ein amtliches Befähigungszeugnis vorzulegen. Ferner muss ein absolutes ABBA-Imitations-Verbot durchgesetzt werden für alle, die:

- ♫ nach dem Refrain immer nur mit »lalalala« weitersummen
- ♫ als Lieblingsalbum *ABBA Gold* angeben, den Thermomix unter den Best-of-Alben
- ♫ sich selbst bei der Performance mit Selfie-Stick filmen
- ♫ »Youuu can dance« singen, aber »I can't dance« demonstrieren
- ♫ bei *Chiquitita* mit geschlossenen Augen schunkeln
- ♫ das Rhythmusgefühl von Markus Söder haben oder
- ♫ Markus Söder sind

Bei Nichtbeachtung muss der Betreffende vor den Augen der Weltpresse eine Alphorn-Version von *Waterloo* intonieren, und zwar in einem Plattenladen in Wuppertal.

Kitsch perfect: Monotonie in der Südsee

Wenn es mir mal so richtig schlecht geht, dann helfen mir nur drei Dinge: Eine Katzenkuschelrunde, Zucchini-Brownies oder ein frühes ABBA-Album. Denn die sind so herrlich unperfekt, dass es einem sämtliche Selbstzweifel aus dem Hirn pustet.

Es wird immer gesagt, ja, die vier brauchten halt eine Zeit, um ihre musikalische Identität zu bestimmen, hatten einfach ihren gemeinsamen Weg noch nicht gefunden. Da mag was dran sein, immerhin hieß erst das vierte Album *Arrival*.

Und so kommt es, dass wir in den Frühwerken Liedgut finden, das heftiges Kopfschütteln verursacht.

Man denke nur an *Sitting In The Palmtree:* lahme Reggae-Rhythmen mit dem Charme einer Karibik-Fototapete. Sollte irgendjemand mal eine Doku über die Blütezeit der Solarienkultur in Castrop-Rauxel machen, wäre diese Tropen-Trance die erste Wahl beim Soundtrack. Bei *Watch Out* haben sich ABBA nicht nur fatalerweise mit Rockgöttern verwechselt, sondern dem Möchtegern-Metal noch einen creepy Stalker-Text verpasst (»Pass nur auf, egal wo du hingehst, ich werde dich finden!«). Und der *King Kong Song* klingt wie die Untermalung eines

TV-Werbespots für überzuckerte Frühstücksflocken, bei dem sich ein »uuh-uuh-aah« rufender Comic-Affe durchs Bild schwingt.

Was aber, wenn alles ganz anders war? Was klingt wie typische Jugendsünden, war ja vielleicht doch Kalkül? Man stelle sich mal vor, sie hätten direkt alle Über-Hits aufs erste Album gepackt. Das hätte nachkommende Musiker nur eingeschüchtert und den Verlauf der Popgeschichte gewiss verändert, weil niemand sich mehr rausgetraut hätte. Stattdessen haben sie vielleicht ihr Können absichtlich per Salamitaktik der Welt preisgegeben, so wie Tageszeitungen in den Sozialen Medien inzwischen ihre Nachrichten auch nur als Clickbait rausrücken (»Dieser Traditionsbetrieb schließt für immer!« – Wenn Sie die folgenden Anzeigen für Fußpilzcreme und Schrundensalbe gelesen haben, verraten wir Ihnen auch, welcher, aber erst müssen Sie ein Abo abschließen.)

Übergroße Egos und gnadenlose Selbstüberschätzung fanden sich vorrangig bei instrumentenzerstörenden Rockgöttern aus Übersee, nicht aber bei der freundlichen Pop-Familie von nebenan. Auch im Alltag war eher Zurückhaltung angesagt. Selfcare-Rituale waren darauf beschränkt, sich mal einen Kaffee im Stehen bei *Eduscho* zu gönnen und das Haar nach dem Waschen mit *Golf*-Schönspüler zu verwöhnen. Das Motto »Bescheidenheit ist eine Zier« (und zwar ohne grammatikalisch fragwürdigen Nachsatz!) und diesen Spirit, dass eigenes Können »bah!« ist, habe ich noch bis in die 90er gespürt. Als ich damals mein erstes Redaktionspraktikum absolviert habe, durfte ich mir nach einem Jahr mein Zeugnis selbst schreiben. Da es damals noch keine Tutorials gab, berief ich mich auf einen Vortrag im Berufsinformationszentrum, in dem es um die spannenden Themen »Bewerbungsunterlagen und Arbeitszeugnisse« ging. Dort hatte eine Frau mit Glasbaustein-Brille und Faltenrock folgende kühne These aufgestellt: Potenzielle Arbeitgeber seien bei Einser-Zeugnissen immer sehr skeptisch, da sie unglaubwürdig scheinen. Ich weiß es nicht mehr genau, aber es würde mich nicht wundern, wenn sie ein »besonders bei Frauen« angefügt hätte. Warum man mit Perfektion Verdacht auf Betrug schöpft, schien niemand zu hinterfragen, auch wenn es in den heutigen Zeiten, in denen es sogar im Sprachgebrauch normal ist, das Unsteigerbare zu steigern und man wie selbstverständlich »am perfektesten« bzw. »am optimalsten« sagt, eher komisch anmutet. Es war die Zeit, als man noch den Beruf der Eltern und die Konfession in seinen Lebenslauf schrieb und jeder Mensch die Hobbys »Sport« und »Reisen« angab, um ja nicht mit nerdigen Neigungen wie »Insekten präparieren« oder »gesund kochen« negativ aufzufallen.

Ich habe kurz überlegt, wie ich meine Tätigkeiten beurteilen würde, und kam schnell drauf: Eins. Ich würde mir eine Eins geben! Was vor allem auch daran lag, dass all die Dinge, die ich ein Jahr lang verrichten durfte, nichts mit Journalismus zu tun hatten und nur mindere Bürodienste beinhalteten, die auch jemand mit dem IQ einer Kumquat vorbildlich hätte erledigen können. Ich musste zum Beispiel jeden Monat bei den Kinos der Stadt anrufen und fragen, welche Filme dort in den nächsten vier Wochen laufen. Was genau kann man daran verkacken?

Dennoch, Frau Quadratbrille hatte Eindruck bei mir hinterlassen, und so schrieb ich mir ein Zweier-Zeugnis: Ich kochte den Kaffee nicht zur vollsten, sondern zur vollen Zufriedenheit, war nicht stets pünktlich und fleißig, sondern nur pünktlich und fleißig, ich verfügte nicht über ein sehr umfangreiches, sondern umfangreiches Fachwissen – sofern man beim Briefefrankieren entsprechend ihres Gewichts und ihrer Größe überhaupt von Fachwissen sprechen kann.

Ich fühlte mich dabei ein bisschen komisch, mein Licht unter meinen Scheffel zu stellen und meine Fähigkeiten bewusst downzugraden, nur um nicht als Angeberin dazustehen, zumal die 80er mit ihren Sponti-Sprüchen ja gerade erst vorbei waren, ich sage nur »Eigenlob stimmt« oder »Jedem das Seine, mir das Meiste«.

Ob das meine Chancen auf dem Arbeitsmarkt erhöht hat, kann ich nicht sagen, weil danach nie wieder jemand mein Arbeitszeugnis sehen wollte. Schade, ich hätte gerne ein Job-Interview gehabt, in dem mir gesagt worden wäre: »Wissen Sie, Frau Bode, da draußen sind so viele Leute mit einem Einser-Zeugnis. Aber das ist nicht das, was wir suchen. Bei uns ist eher so Mittelmaß angesagt. Damit Sie mehr Möglichkeiten haben, sich zu steigern!«

Und mal ehrlich, haben meine Helden es nicht genauso gemacht? Ich bin mir sicher, die haben schon bei den ersten Studio-Schrammeleien gewusst: Oha. Was wir hier haben, wird die Welt verändern. Das können wir nicht auf einen Schlag raushauen, das müssen wir den Leuten langsam einflößen. Wie diese Mädels in den Teenie-Serien, die in Wahrheit Meerjungfrauen sind und das die ganze Zeit versuchen zu verstecken, weil es ihnen ja eh keiner glauben würde.

ABBA haben aber zu Beginn ihrer Karriere nicht nur Luft nach oben gelassen. Sie verstanden es wie niemand sonst, das Nicht-Perfekte noch interessant sein zu lassen.

Kurz, sie schufen eine skurrile Verbindung aus charmant und schrecklich, wie sie ansonsten nur ein Dorf im Sauerland aufweist. Denn selbst der schlechteste ABBA-Song war noch Galaxien besser als das Sound-Output ihrer Kollegen. Immerhin war das die Zeit, als man die *Oliver Onions* für Musiker hielt und selbst Walter Scheel in den Charts war. Mit anderen Worten: Sie haben Unperfektheit zelebriert, noch bevor es cool war.

Denn heute hat ja der kalkulierte Hang zum Unvollkommenen offenbar nahtlos den Perfektionswahn der vergangenen Jahre abgelöst: Auf Rezeptbildern sieht man angebissene Kuchenstücke und Krümel statt vollendet dekorierter Musterexplosionen; Friseurprodukte werben damit, dass man nach deren Anwendung aussieht, als sei man gerade erst aufgestanden.

Man holt sich teure Interior Designer ins Haus, die den Putz von den Decken kratzen und die Club-Garnitur gegen Holzpaletten austauschen. Das heißt dann Shabby Chic, sieht aber oft aus wie »für die Inneneinrichtung keine Kohle mehr gehabt«. In den Citys machen für eine Woche Pop-up-Stores auf, die den gleichen China-Ramsch verkaufen wie die meisten anderen Fashion-Stores, sich aber total crazy und alternativ fühlen, weil sie ein Glas Gummibärchen auf dem Tresen stehen haben und nach einer Woche wieder schließen. Doch diese scheinbare Effortlessness ist bei näherem Hinsehen nichts als Perfektion, nur anders inszeniert: Wenn in Möbelhäusern Designer versuchen, eine gemütliche Wohnfühl-Atmo zu schaffen, indem sie eine Decke lässig über ein Sofa drapieren und ein paar Hauspuschen vor die Couch schmeißen, sieht das meist nicht gemütlich aus, sondern eben nur wie eine Decke, die jemand absichtlich dorthin gelegt hat, damit es wohnlich aussieht. Wäre dieser Berufsstand wirklich konsequent, würde man nur einen Hausschuh auf den Flokati legen, da der zweite ja bekanntlich immer irgendwo unter der Couch vor sich hingammelt, und ein paar plattgesessene *M&Ms* auf der Sitzfläche verteilen.

Kurz, das Unperfekte so zu gestalten, dass es nicht »perfekt unperfekt« aussieht, sondern sich einen gewissen unbeholfenen Vibe bewahrt, ist gar nicht so einfach.

ABBA hatten es drauf. Selbst der schlimmste Song hat irgendwo noch ein Element, das einen zum Schmunzeln bringt. So scheint auf dem sonst granatenöden *I Saw It In The Mirror* kurz die Sonne, wenn Agnetha »this boy cries« säuselt, und die funkigen Bässe bei *Man In The Middle* hätten immerhin noch ein Super-Intro für eine amerikanische Detektivserie abgegeben.

Und das gekonnt Unvollkommene durchzieht den gesamten ABBA-Kosmos. Die Frauen haben sich zum Beispiel für ihre Auftritte selbst geschminkt, ohne Busladungen an Make-up Artists mitzuschleppen. Mit dem Effekt, dass sie immer glänzend, aber nie entstellt aussahen. Getanzt wurde meist immer einen Tacken neben dem Beat. Die Videos zeigten große Poren und Zahnfehlstellungen in gnadenloser Großaufnahme. Und die Pressekonferenzen machten deutlich, dass sie offenbar niemals ein Medientraining hatten.

Gegen das sterile Popstar-Image haben sie außerdem mit diversen »Wir halten uns an den Händen und spazieren durch Stockholms Straßen«-Fotos angekämpft, um zu zeigen: Seht, wir sind wie ihr! So inszenierten sie ihre Couple-Freundschaft, in der sich unzählige Monis & Jürgens und Susis & Detlefs wiedererkennen konnten, an der Grenze der Penetranz, wirkten dabei aber nie so auf-

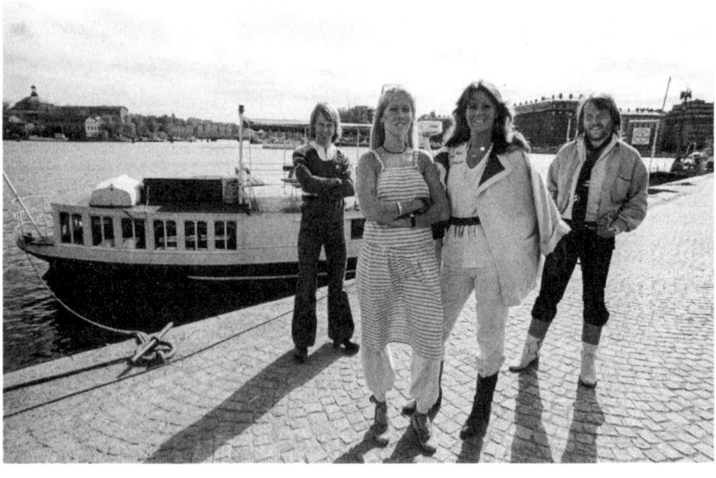

Die netten Schweden von nebenan

gesetzt wie Cindy & Bert in einer Homestory für *Das Goldene Blatt*.

Keine andere Band war so bemüht, ein People-Next-Door-Image aufzubauen und ist damit auch noch durchgekommen. Während *Kiss* oder die *Village People* angeblich sogar vertraglich festlegten, dass sie nicht unkostümiert in der Öffentlichkeit fotografiert werden dürfen, zeigten sich ABBA schon fast zwanghaft in Jeansschlaghosen und Polyester-Pullundern vor jeder sich bietenden Hafenkulisse.

Das ist eben der Unterschied. ABBA haben in ihrem Frühstadium das Unperfektsein derart perfektioniert, dass man es ihnen geglaubt hat. Und auch auf den späteren, oft als makellos gerühmten Alben haben sie immer wieder Songs versteckt, mit denen sie uns zuzurufen schienen: Habt keine Angst vor unserem Talent, wir sind auch nur Menschen! Oder welchen anderen Zweck könnten wohl das leicht überambitionierte *Hole In Your Soul* oder das irre Shop-a-Girlfriend-Kinderlied *Two For The Price Of One* gehabt haben? Björns letztes Aufbäumen als Popstar, das verzweifelt-lustige *Does Your Mother Know?* mit der Peinlich-Phrase »So you're blue but I can't take a chance on a chick like you« ist sogar derart uncool geraten, dass es keinen besseren Song gegeben hätte, den Rowan Atkinson als *Johnny English* hemmungslos in die Zahnbürste hätte schmettern können.

Am Ende haben sie den Kreis geschlossen: Das letzte Album *Voyage* ist nicht perfekt. Auch wenn hier und da viel ABBA-Magic aufblitzt, schrappt das Ganze doch deutlich an der vollendeten Veredelung vorbei. Es ist erst recht kein Schwanengesang wie Johnny Cashs *American IV: The Man Comes Around.* Dafür waren sie einfach nicht kaputt genug.

Das offizielle Popstar-Arbeitszeugnis würde es so sagen: »Sie arbeiteten stets zuverlässig und äußerst gewissenhaft und haben den Erwartungen in jeder Hinsicht und bester Weise entsprochen.« Und sie scheinen uns zuzurufen: Habt keine Angst vor dem Alter! Wir können vieles nicht mehr so wie früher. Aber wir können es noch!

Wir schreiben uns also in unser imaginäres Büchlein der Lebensweisheiten: Gut ist gut genug. Es muss nicht immer die Karibik sein. Calla Millor ist näher und hat auch Sonne und Palmen. Besser noch: Einfach in Gelsenkirchen bleiben, sich mit einem Strohhut vor die Südseetapete im Bügelzimmer setzen, eine Piña Colada durch den Naturfaser-Trinkhalm schlürfen und *Sitting In The Palmtree* hören.

Intermezzo No. 1

Wie ABBA dafür gesorgt haben, dass ich vom Glauben abgefallen bin

ABBA habe ich vieles zu verdanken. Ich wusste schon vor dem ersten Englischunterricht, was arrival und departure heißt und habe erkannt, dass man kein extrastarkes Tesa-Klebeband nehmen sollte, um Starschnitte an der Wand zu befestigen, die später nur noch übertapeziert werden können. Und ABBA sind auch der Grund, warum ich aus der Kirche ausgetreten bin. Okay, da muss ich wohl ein bisschen weiter ausholen. Genauer gesagt bis zu meinem Kommunionsunterricht.

Wir trafen uns jeden Donnerstag bei einer älteren Dame mit Margaret-Thatcher-Frisur und Faltenrock im Souterrain, Frau Lembeck. Sie gab uns komische Aufgaben wie Engel aus Salzteig kneten, Barmherzigkeit malen und Bilder von Mutter Teresa ausschneiden. Am Ende forderte sie uns auf, »jetzt mal fünf Minuten die Augen zu schließen und zu beten«. Das war für mich wie im Sportunterricht, als ich mit zehn Hüftklammern auf jeder Seite ein Rad schlagen musste, aber keine Ahnung hatte, wie das gehen sollte, und mit verdrehten Gliedmaßen im Krankenhaus landete. Alle schlossen die Augen und warteten auf Anweisungen. Frau Lembeck machte es sich einfach: »Wie das geht, müsst ihr schon selbst herausfinden«, sagte sie, um dann in die Küche zu gehen und sich einen schönen Bohnenkaffee aufzubrühen, während wir natürlich alle verbotenerweise lurten und blinzelten. Ob der hibbelige Markus Müllerbeck, der mir gegenübersaß, schon eine Standleitung hatte? Es sah nicht so aus, denn er sortierte unterm Tisch sein Autoquartett. Und überhaupt, konnten wir alle gleichzeitig mit Gott sprechen? Auf unterschiedlichen Funkfrequenzen? Wird dem das nicht zu anstrengend?

Diese Fragen waren aber nichts gegen das Thema, über das ich mir auf dem Nachhauseweg Gedanken machen sollte. Denn als Aufgabe gab Frau L. uns fröhlich winkend im Türrahmen stehend mit: »Bis nächste Woche überlegt ihr euch, was ihr beichten wollt!« BÄM! Ich dachte, bei der Kommunion geht's um Apostel auswendig lernen, in der Kirche keine Grimassen schneiden und dafür Umschläge mit Geld drin und sehr viele Tafeln Merci-Vielfalt kriegen. Aber beichten? Was sagt man da? Hm, vielleicht, dass ich manchmal noch hinterm Sessel versteckt *Der große Preis* zu Ende geguckt habe, obwohl ich nur grad noch *Wum & Wendelin* schauen durfte?

Ich dachte, ich sage am besten, dass ich meine Mitschülerin Anke W. mal »Streuselkuchen« genannt habe. In der Klasse galt sie als Akne-Anke, was mir meiner von Anti-Mobbing-Kampagnen noch unbehelligten Ansicht nach das Recht gab, sie ebenfalls zu dissen.

Als ich nach Hause kam, bemerkte ich, dass ich meinen Haustürschlüssel verloren hatte. Ich war fertig mit der Welt, denn daran befestigt war nicht irgendein beliebiger Schlüsselanhänger mit Mausetäschchen für Telefoniergroschen oder Mini-Mecki. Sondern ein in einen silbernen Ring eingefasstes Bild von ABBA in ihren blauglänzenden Satin-Anzügen. Dieser Schlüsselanhänger funktionierte gleichzeitig als Handschmeichler, wenn es im Unterricht mal wieder grottenlangweilig war und ich irgendeine haptische Erfahrung brauchte, die unauffälliger war als Kügelchen aus Tintenpatronen zu knibbeln. Wo konnte ich den verloren haben? Der Kommi-Unterricht war nur fünf Häuser weiter!

Ich bekam Schimpfe, was nichts Seltenes war, da der, an den ich damals noch glaubte, mich beim Austeilen der Schusseligkeit besonders großzügig bedacht hatte und meine ADHS-Diagnose noch nicht gestellt war.

Ein paar Tage später klingelte es an der Tür. Es war meine Mit-Kommunionistin Silke, die sich ein wenig verlegen an der Haustür herumdrückte, ohne hereinkommen zu wollen. »Hier, den wollte ich dir wiedergeben«, sagte sie kleinlaut und ließ mir meinen Schlüsselanhänger vor der Nase baumeln. »Den habe ich dir geklaut, weil ich nicht wusste, was ich sonst beichten sollte. Tschüss dann!«

Natürlich war die Erleichterung groß. Aber die Gesamtsituation säte in mir erste Zweifel, ob das ganze Kirchending ein Konzept war, in dem ich Sinn und Erfüllung finden würde. Was sollen Kinder schon groß beichten, außer »ich habe gestern Abend die Zahnbürste nur nass gemacht und das Wasser drei Minuten laufen lassen« oder »ich habe meinem Bruder eine geschallert, weil mich in dem Moment der emotionalen Notlage keine pädagogisch geschulte Fachkraft mit deeskalierenden Maßnahmen begleitet hat«?

Aber nichts, das einen alten Mann in bunten Wallegewändern mit Glitzerapplikation dazu bringen sollte, in einem schummerigen Kastenschrank zu sagen: »Na also, das machst du mir aber nicht noch mal, du Schlawiner, dann ist Gott ganz traurig, aber ich will mal nicht so sein und geb' dir sündenfrei!«

In späteren Jahren habe ich zudem festgestellt, dass die ganzen Bibelgeschichten mir alle zu wenig Humor hatten. Gut, man könnte argumentieren, dass diese Zeiten, in denen Säuglingsmord und Kreuzigungen unter »Kultur aktuell« liefen, eben auch nicht gerade lustig waren. Aber wofür hat Gott uns das Leben geschenkt, wenn man jegliche Freude daran unterdrücken und in ewiger Demut versinken soll?

Immerhin, die furchteinflößende Macht des Beichtstuhls und des Lachverbots haben mich später immer brav meine Kirchensteuer zahlen lassen. So, wie wir älteren Menschen immer schön bei der *Telekom* bleiben, weil wir ja schon seit 35 Jahren den Vertrag haben und eine gewisse Verpflichtung verspüren, das Doppelte zu zahlen im Vergleich zu anderen Anbietern.

Ich habe viele Freunde und Bekannte, die gläubig sind, und ich respektiere das. Alles, was einen durchs Leben bringt, ist okay. Wenn ich im Urlaub Kirchen betrete, achte ich darauf, keine kurzen Hosen anzuziehen. Diese Regel hat mich zwar immer ein bisschen gewundert, denn wenn es einen Gott gibt, hat er ja auch meine Krampfadern gemacht. Aber es heißt ja »When in Rome, do as the Romans do«. Und ich weiß auch, dass man auch außerhalb der katholischen Kirche »was mit Gott« machen kann. Aber meine Initialprägungen haben es mir gründlich vermasselt.

Später haben mich bei Auseinandersetzungen zum Thema Religion Argumente genervt wie »Ach, Hexenverbrennung, Kreuzzüge, das ist doch alles lange her, warum kommt ihr immer mit so einem alten Schmarrn?« (Ähm, die Geburt Christi ist auch ziemlich lange her, da macht ihr ja auch ziemlich viel Aufhebens drum, oder?) Und das vielgepriesene Motto »AIDS ist schlimm, aber Kondome sind schlimmer« ließ mich genauso zweifeln wie der Satz meiner Schwiegeroma, die, als sie hörte, dass unsere Tochter nicht getauft wird, so beiläufig, wie man den Satz »Ach, der *Edeka* hat schon geschlossen?« äußert, sagte: »Ach, dann kommt sie ja gar nicht in den Himmel!« Ja, damals war die Welt noch einfach. Heirate einen Mann und er versorgt dich. Wähle CDU und du kannst dich auch weiterhin am Stammtisch blicken lassen. Gehe in die Kirche und du kommst in den Himmel.

Und über Mutter Teresa, die ich früher fein säuberlich ausschneiden und mit tropffreiem Kleber auf einer Kollage der wohltätigen Menschen verarbeitet habe, musste ich lesen, dass sie ihre Sterbenden auf extraharte Matratzen gebettet und ihnen Schmerzmittel verweigert hat, weil man im Leid näher bei Gott ist.

Bei Woelki und seinem »Wir vertuschen's dann mal«-Gefolge im Kölner Missbrauchsskandal war dann die Aktion »Losing my Religion« endgültig vollbracht. Dazu muss man zum Amtsgericht und dreißig Euro zahlen, um eine Mitgliedschaft zu kündigen, die man nie abgeschlossen hat. So miese Verträge hat nicht mal mein Fitness-Studio.

Schon klar, jeder hat die Sehnsucht, dass da noch »irgendwas Größeres« ist, wenn er nachts auf dem Campingplatz Kalletal in den Sternenhimmel guckt. Aber ganz ehrlich, wenn ich ein Gebot brauche, um zu erkennen, dass Töten nicht okay ist (und glauben soll, dass Diebstahl und Ehebruch ebenso verdammenswert sind wie Mord), wenn Lachen Gott stört, was will man dann im Himmel?

Ich finde, wenn es einen Gott gibt, dann sollte er auch die reinlassen, die nicht an ihn geglaubt haben. Einfach, weil er's kann. Wäre ich allmächtig, ich würd's machen. Nur so zur Genugtuung. Ich würde mich an die Pforte lehnen, Kaugummi kauen, und während ich alle anderen schon in die First Class Lounge durchwinken würde, jedem Ungläubigen auf die Schulter klopfen: »Na, Hilmar, hättste nicht gedacht, wa?« Man kann die ja dann ein paar Strafarbeiten verrichten lassen: Unwetter zusammenbrauen, Pandemien auf die Erde schicken oder flächendeckend Kirschlorbeerhecken in Europa ansiedeln.

Aber jeder, wie er meint. Whatever gets you through the night. Der eine glaubt, der andere nicht, einer mit Kirche, der andere ohne und manch einer macht sich einfach eine Buddha Bowl.

Ich derweil verliere auch ohne Religion nie die Hoffnung. Auch nicht die, irgendwann in irgendeiner dunklen Schublade doch noch diesen verdammten ABBA-Schlüsselanhänger wiederzufinden, nachdem ich ihn irgendwann Ende der 70er auch ohne Silkes Hilfe verloren habe. Den könnte ich bei *etsy* verkaufen und hätte die dreißig Euro wieder drin.

PS: Anke, wenn du das hier liest: Es tut mir leid!

Unterschätzte Schätze I

If It Wasn't for the Nights: Insomnia und If-Clauses

In meiner Studienzeit habe ich alle Gelegenheiten genutzt, um an Geld zu kommen. Wenn ich nicht gerade als Kandidatin in Gameshows ein paar Monatsmieten einheimste, schrieb ich für Zeitungen oder gab Englischunterricht. Da ich mich für eine total unkonventionelle freaky-flippy Studentin hielt, benutzte ich keine langweiligen Lehrbücher, sondern Speisekarten, Stadtpläne oder Songtexte. Was mich aber weder freaky noch flippy machte, sondern mir allenfalls eine unfreiwillige Komik verlieh, weil ich, ähnlich wie die Hauptdarstellerin in *Muriels Hochzeit*, in den 90ern noch Musik aus den 70ern hörte.

So war der Erfolg meiner Lehrmethoden auch eher mittelprächtig. Ein Schüler verlegte *Ring Ring* ins Einkaufszentrum und verstand »The happiest sound of the mall«, ein anderer unterstellte Frida in *Money, Money, Money* Tablettensucht (»I work all night I work all day to pay the pills I have to pay«). Die Fortgeschrittenen bekamen zur Veranschaulichung der Konditional-Verlaufsform den wunderbaren Beispielsatz »Somehow I'd be doing all right if it wasn't for the nights« vorgelegt. Erfüllbare Bedingung, also *Simple Past* im if-Satz und *Present Continuous Conditional* im Hauptsatz, ist doch easy-peasy, oder? Die meisten guckten etwas hilfesuchend, was aber wohl auch daran lag, dass ich immer, wenn ich den Song *If It Wasn't for the Nights* in seiner Gänze abspielte, wild mit den Füßen wippte, mit dem Kugelschreiber auf die Beats klackte und sekundengenau zu jedem »for the nights!« den Zeigefinger in die Luft zuckte. Ich konnte einfach nicht anders. Denn wer zu diesem Song nicht freiwillig in den Ganzkörper-Wackelmodus verfällt, der ist entweder hochgradig hörgeschädigt oder tot.

Dieses Juwel des Disco-Albums *Voulez-Vous* groovt, funkt, zuckt und kribbelt aus jeder Pore und glänzt mit unverschämt guten Arrangements. Ein bisschen *Bee Gees*, ein bisschen *Chic*, so locker und leicht – wäre das Ding ein Schokoriegel, würde man über ihn sagen: Der schwimmt sogar in Milch. Oder in diesem Fall in blubbernder Bluna.

Wenn man sich einen Auftritt im japanischen TV aus dem Jahr 1978 anschaut, bei dem ABBA (besonders Frida) den Song mit glänzender Laune performen, merkt man, wie sehr sie diesen Song offenbar mochten: In einer Indoor-Spielplatz-Kulisse aus Plastikbögen und bunten Luftballons schuckeln die Frontfrauen in jenem Disco-Look, in dem sie auch die legendären Australien-Konzerte absolvierten (weiße Vokuhila-Kleidchen, Glitzergürtel, goldene Stiefel), mit ungezügelter guter Laune über die Bühne.[3] Mehr Pop geht einfach nicht.

Klarer Fall, Ende der 70er wäre das ein Disco-Hammer

gewesen. Leider hatten Disco-Hammer zu jener Zeit per Gesetz einen weitaus weniger anspruchsvollen Text, der auf eine teelöffelgroße Portion an mantramäßig wiederholten Aussagesätzen reduziert war, etwa:

- Ich fühle Liebe, ich fühle Liebe, ich fühle Liebe, ah, uh, oh!
- Sie ist verrückt wie eine Närrin, aber was ist mit dem coolen Vati?
- Ha, ha, ha, ha, wir leben einfach weiter.
- Der Freak, das' ja mal schick!
- Heut' Abend brauch' ich heißen Stoff!
- Es macht Spaß, in der Jugendherberge abzuhängen!

Und da wäre ein Songtitel mit kompliziertem Konditionalgefüge ziemlich fehl am Platz gewesen. Also ging *Dancing Queen* als ABBAs unangefochtene Tanzbodengranate in die Geschichte ein, das mit seiner dünnen »erst macht sie die Typen an und dann macht sie sich aus dem Staub«-Thematik genau ins Bild der Zeit passte.

Damit bleibt *If It Wasn't for the Nights* die beste ABBA-Single, die nie erschienen ist. Denn die ursprünglichen Pläne, den Song auszukoppeln, wurden zugunsten des simpler betitelten *Chiquitita* verworfen, das mit seinem Poncho & Panflöten-Pathos ein wenig an *El Condor Pasa* erinnerte. Man kann sich regelrecht vorstellen, wie Manager-Mastermind Stig Anderson geraunt hat: »Tiere und Kinder gehen immer, lass uns was über ein kleines trauriges Mädchen machen, guck doch mal einer nach, was das auf Spanisch heißt!« Hat ja auch funktioniert. Und so kommt es, dass ein lupenreiner Dance-Track zugunsten einer rührseligen Häkelstola-Ballade in Vergessenheit geraten ist.

Er ist auf keinem Best of-Album zu finden und wird von Cover-Bands gemieden. Kein Wunder, denn Akkordwechsel, Harmonien und Backing-Vocals dieses mit über fünf Minuten außergewöhnlich langen Tracks sind so halsbrecherisch, dass wohl jeder andere daran verzweifeln würde. Man sieht beim Hören direkt vor seinem geistigen Auge die Produzenten am Mischpult, die Agnetha bis aufs Letzte gepusht haben, bis endlich mit letzter Kraft ein »How I fear the time when shadows start to fall sitting here alone and staring at the wall« ihren bebenden Stimmbändern entwich.

Überhaupt, der Text. Der passt so gar nicht zum Mitwipp-Imperativ der Melodie und belegt einmal mehr, dass ABBA ihrer Zeit voraus waren. Es ist quasi das *Vamos a la playa* der 70er: Ein Ohrwurm wird mit einem düsteren Thema (Atombombenexplosion am Strand) konterkariert und keiner merkt's. Mit gutem Grund: Es geht um Trennungsschmerz der übelsten Sorte. Lyrisches Leid, das sonst nur von kettenrauchenden französischen Chansoniers vorgetragen wird.

Und hier gab es sogar eine persönliche Parallele. In einem Interview mit dem *Guardian* aus dem Jahr 2011 erzählte Björn, dass der Text vermutlich einem Gefühl entsprungen ist, das er während der Trennung von Agnetha durchlebte: »Meine Texte waren oft frei erfunden, aber hier muss es einen wahren Kern gegeben haben.«[4]

Hier geht es aber nicht nur um das Trauma der Trennung, sondern auch um die damit verbundenen Gefühle wie Einsamkeit, Wut, Angst und Selbstbetrug. Wer kennt es nicht, das »Danke, ich komm schon klar!«-Gefühl, das sich als Trugschluss erweist, sobald man abends zur Ruhe kommt. Man versucht, sich durch den Tag zu mogeln, ist für jede noch so dusselige Ablenkung dankbar, seien es langweilige Termine oder Rechnungen, aber dann, mit dem Verschwinden des Tageslichts, kommen die unverarbeiteten Gefühle aus den Ritzen gekrochen: »Ha, hast wohl gedacht, du kannst uns verdrängen, wie? Hier sind wir wieder! Und wir kommen wieder! Morgen! Und übermorgen! Und überübermorgen!«

Das erklärt vielleicht, warum es keine düstere Ballade geworden ist, sondern eine ausufernd fröhliche Up-Tempo-Nummer: Texter Björn stopft seine angespannte Gefühlslage in ein fröhliches Gewand und lässt es jemand anderen singen. Damit drängt er seine Sorgen von sich, genau wie die Protagonistin ihren Kummer in Alltagsaufgaben zu ertränken versucht.

Und damit macht der Song auf ein Thema aufmerksam, das damals noch ziemlich tabuisiert war. Denn was wir hier haben, ist der Tagesablauf einer hochfunktionalen depressiven Person, die sich einen ritualisierten Schutzmechanismus antrainiert hat, der nur eine bestimmte Zeit funktionieren kann.

Von daher ist es schlau, eine Text-Musik-Schere zu

wählen, denn genau das tun solche Menschen: Sie rufen laut: »Seht alle her, mir geht es gut!« (Okay, ich kriege zehn Wutanfälle am Tag und hocke jeden Abend allein in meiner Bude, aber sonst?)

Wie kaum ein anderer verkörpert dieser Track ein, wenn nicht DAS Markenzeichen der Band: ABBA-Songs klingen oft fröhlich, sind es aber nicht. Das war schon bei der dynamischen Dreierkette der Über-Hits so. Wir erinnern uns:

S.O.S.: Eine Beziehung, in die die Sprachlosigkeit eingezogen ist, wartet auf ihren sicheren Untergang, und das in einem der eingängigsten Refrains der Musikgeschichte

Mamma Mia: Emotional instabile Persönlichkeit tappt immer wieder in toxische Beziehung und beteuert zu kinderliedartigem Klaviergeklimper, dass sie genau an diesem Verhaltensmuster festhalten wird

Fernando: Zwei mexikanische Freiheitskämpfer stellen zu einer lagerfeuertauglichen Melodie fest, dass sie leider verloren haben. Aber egal, Muchacho, Hauptsache, die Sterne haben gefunkelt!

Die Liste der fröhlichen Leidenslieder ist lang: Die Verzweiflung der unbemannten Frau in *Gimme! Gimme! Gimme!*, der Rampenlicht-Frust von *Super Trouper*, die quälende Eifersucht von *Lay All Your Love On Me* – allesamt hübsch verpackt in unwiderstehliche Melodien.

Wobei die chronische Schlaflosigkeit fast das bedrohlichste Szenario ist. Nicht umsonst wird Schlafentzug als Foltermethode benutzt. Es sollte siebzehn Jahre dauern, bis *Faithless* mit *Insomnia* erkennen sollten, dass Songs über Schlafmangel ziemlich cool sein können. Und Betty White alias Rose von den *Golden Girls*, die fast hundert Jahre alt wurde, gab als das Geheimnis ihres langen Lebens an: »Man sollte viel schlafen, am besten acht Stunden. Neun, wenn man hässlich ist!«

Was die Übersetzungskünste anbelangt, bin ich damals mit meinen Englisch-Eleven kaum über »It's bad, oooh, so bad!« herausgekommen. Wohl, weil ich, gefangen von dem schmissigen Song, keine Lust auf das monotone Durchkauen der Möglichkeitsform hatte. Was soll's. Wenn die Schüler eines mitgenommen haben, dann die Erkenntnis: Nie wurde »Es ist schlimm, oooh, so schlimm!« so fröhlich gesungen.

Nerdfutter

Fun Fact:
Schlaflosigkeit ist nicht nur im Song übel: 24 Stunden ohne Schlaf entsprechen etwa der Wirkung von einem Promille Alkohol.

Hidden Message:
Wenn du Menschen in deinem Umfeld siehst, die ständig Ränder unter den Augen haben und beteuern, dass sie »schon irgendwie klarkommen«, dann sieh genauer hin! Denn oft kommen Leute ja klar, bis sie umfallen.

Wann sollte man den Song hören?
Als Weckmelodie. So sanft wie ein Vogelzwitschern und so cremig wie ein frisch aufgeschäumter Cappuccino. Zumindest die ersten 26 Sekunden, bevor der Text einsetzt.

Väter der Klamotte(n): Nice In White Satin

»Schönes bleibt« war mal der Slogan des Rentner-Dudelradios WDR4. Ich habe an dieser These so meine Zweifel, zumal mit »schön« hier Roger Whittaker und Chris de Burgh gemeint waren. Zumindest in Bezug auf den optischen Eindruck muss man im Falle ABBA sagen: Schräges bleibt.

Wenn man auf Karnevalsumzügen, als Hochzeits-Surprise-Act oder für eine Mottoparty als ABBA geht, ist

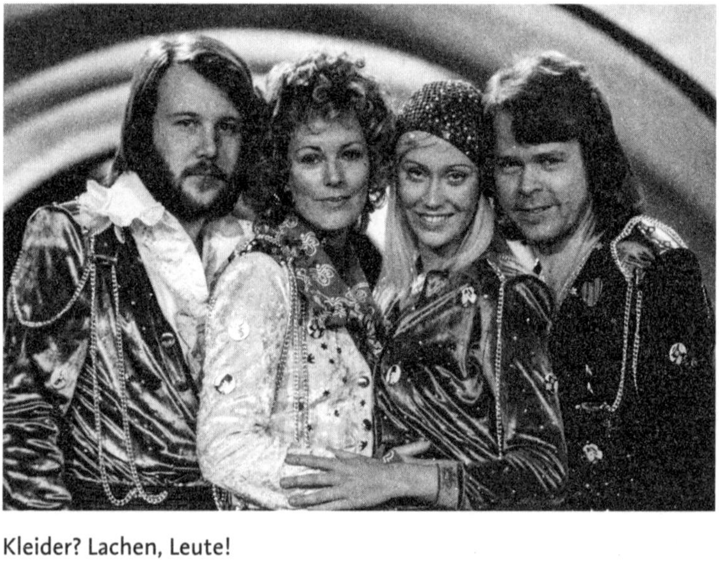

Kleider? Lachen, Leute!

das Outfit klar: Wir basteln uns eine silberne Sternen-Gitarre aus Pappe und Glitzer-Folie für den einen Herrn, der andere bekommt einen Vollbart angeklebt. Die eine Dame trägt eine blonde Perücke mit Eierwärmer-Samtmützchen in Marineblau und passenden Pump-Pantalons, die andere eine bräunliche Kräuselbadekappe und einen Patchwork-Rock, mit dem sie aussieht wie Catweazles Schwester. Dazu ein paar Aluminiumketten von der Meterware-Rolle aus dem Bastelladen und ein paar PVC-Silberstiefel von *Graceland* – fertig ist der Look, der sich in unser kollektives Trash-Gedächtnis eingebrannt hat. Selbst nach *Lordi* und *Lord Of The Lost* wird dieses Outfit noch als haarsträubend bezeichnet, frei nach dem Motto: »Die hatten Klamotten, mit denen jeder bei einem Wohnungsbrand lieber im Haus bleiben würde.« Komisch eigentlich, denn die *Waterloo*-Ära stellte ja nur ein kleines Fitzelchen auf dem Zeitstrahl von ABBAs Karriere dar. Es gibt eben keine zweite Chance für einen ersten Eindruck und das ist wirklich ungerecht.

Denn die folgenden Looks waren eigentlich weit weniger faschingstauglich und extrem geschmackssicher: Die epischen Einteiler in Grün und Rot aus dem *Dancing Queen*-Video. Die gediegenen Flapper-Kleidchen mit Federkopfschmuck. Oder die blauen Satin-Anzüge mit Fliege, farblich eine Mischung aus Las Vegas und Schlumpfhausen, aber hey, wer konnte Satin besser tragen als Agnetha und Frida? Aber wenn es eine ikonische ABBA-Farbe gibt, dann wäre das die hellste von allen. Würde man auswerten, welche Farbe sie am meisten trugen (und es gibt sicher auf der Welt irgendwo eine Diplomarbeit, die genau das tut), wäre das sicherlich Weiß. Nicht ohne Grund, denn darin sahen sie meistens ziemlich umwerfend aus. Die selbst designten Katzenkleider, die *Fernando*-Folklore-Fummel, das passgenaue *Mamma-Mia*-Outfit mit viel Glitzer und Geschnüre, die weißgoldenen Disco-Kleidchen der Australien-Tour, die *Arrival*-Overalls, die *Super-Trouper*-Abendkleider, das weiße Album ... ach nee, das waren ja die anderen. Warum sind ABBA nicht als die Band in die Modegeschichte eingegangen, die *nice in white satin* war? Ganz einfach: Weil sie zu gut darin aussahen. Es fehlte der gewisse Weirdness-Faktor, der Michael Jacksons Socken und Udo Jürgens' Bademantel zu einem (über-)lebenslangen Markenzeichen gemacht hat und Jeremy Fragrance derzeit einen blütenreinen USP (Unique Stupidity Point) einbringt, den ein dösiger Duftboy neben infantilem Influencer-Gebrabbel auch dringend braucht.

Weiß ist einfach eine Zauberfarbe: Man kann wahlweise Braut, Popstar oder Arzt sein. Wer Weiß trägt, hat Ahnung, das war schon bei Professor Brinkmann, Doktor Best und diversen namenlosen Zahnarztfrauen so. Auch heute glaubt man noch Leuten, die behaupten, dass aus Kondensstreifen am Himmel Impfstoffe auf die Menschheit regnen oder Krebs mit Sonnenstrahlen heilbar ist, nur weil sie vor einem Regal mit Fake-Buchrücken stehen und einen kochwäschetauglichen Kittel mit Kugelschreiber in der Brusttasche anhaben. Und in TV-Brautkleid-Shows sehen wir Bürokauffrauen, die in Tränen ausbrechen, wenn sie sich zum ersten Mal in einem perlenbesetzten Prinzessinnenwams sehen und Schwiegermuttis, die auch weinen, weil sie voreilig versprochen haben, den Tüll-Tinnef zu bezahlen.

Die Weiß-Wahl passte zudem vortrefflich zum Sauber-Image der Band. Das kam hierzulande besonders gut an, denn sie erfüllten damit das offizielle Reinheitsgebot: ABBA war die generationsübergreifende Konsens-Combo mit gerade so viel Sex-Appeal, wie Vati am Abendbrottisch noch gucken durfte, und so viel Kochwäsche, wie Hausfrauen allabendlich in Werbespots durch mehrere Dörfer hindurch an die Leine hängten, um zu zeigen: Wir haben nicht nur saubere Bettlaken, sondern auch eine weiße Weste. »Nicht nur sauber, sondern rein« versprach die Waschmittelwerbung, denn das schlechte Nachkriegsgewissen wollte man bis in die 70er loswerden. Bei der Werbung für einen Gardinenreiniger spielte man sogar mit der offenbar vorherrschenden weiblichen Angst vor Schlampigkeit, indem Frau Obersauber ihrer Freundin die Anfahrt zu ihrer Wohnung mit »Du kannst es nicht verfehlen, meins ist das Haus mit den weißesten Gardinen!« beschrieb.

Auch ich war dem Weiß-Wahn verfallen. Als ich zwölf war, machte ich eine Diät. Als Lockmittel kaufte ich mir eine weiße Jeans, zwei Nummern kleiner.

Es war die sogenannte Atkins-Diät, bei der Fett und Zucker erlaubt, Kohlenhydrate aber verboten waren. In der Apotheke gab es Atkins-Brötchen, die schmeckten wie ein vertrockneter Badeschwamm (und wahrscheinlich auch nichts anderes waren). Es funktionierte und irgendwann passte ich in diesen weißen Traum aus 98 Prozent Baumwolle und 2 Prozent Stretch. Ich bekam Komplimente. Damals fand ich's toll, heute weiß ich, dass Komplimente fürs Abnehmen echt daneben sind: »Hey, wie toll, dass du vier Monate hungrig ins Bett gegangen bist, um normativen Ansprüchen an deinen eigenen Körper zu entsprechen, der niemanden sonst was angeht als dich!« Es kam, wie es kommen musste und dauerte nicht lange, bis ich wieder meinen selbst genähten Patchworkrock mit Gummizug anziehen musste, der leider nicht viel mit Fridas *Waterloo*-Gewand gemein hatte und in dem ich aussah wie eine umgedrehte antike Stehlampe.

Von da an ging es immer wieder rauf und runter (meistens rauf), die Zahl auf der Waage war der Seismograf, ob ich das Haus verlassen durfte oder mich zu Hause vor der Welt verstecken musste. Und ich entwickelte eine Aversion gegen die Farbe Weiß, die ich mir bis zum heutigen Tag bewahrt habe. Nicht mal heiraten wollte ich in Weiß, was aber auch mit meinem Unvermögen zu tun hat, mir unfallfrei ein Brot mit Linsenaufstrich zu schmieren.

Ich will ABBA nicht die Schuld geben, dass ich – wie viele andere auch – in jungen Jahren ein falsches Körperbild entwickelt habe. Aus heutiger Sicht waren die Frontfrauen ja fast curvy und weit entfernt von der keimfreien Perfektion, wie sie später Britney Spears oder Christina Aguilera verkörpern mussten. Schlank hieß noch nicht dürr, der Begriff »thigh gap« war noch nicht erfunden und Kate Moss hatte noch nicht den beschissenen Satz gesagt: »Nichts schmeckt so gut wie das Gefühl, dünn zu sein.«

Aber vielleicht kommt meine bis heute andauernde Abneigung gegen diese *Raffaello*-Farbe daher, dass ich wochenlang nur fettigen Fraß aß, um in eine *Jinglers* mit Storchenbeinen zu passen. Ich kann mich auch nicht mit dem überall grassierenden Deko-Trend anfreunden, dessen Farbspektrum sich auf Weiß, Crème und Off-White beschränkt und der eher dazu auffordert, ein Dentallabor einzurichten als ein Wohnzimmer. In jenen Shops wird weiße Überlegenheit in endlos langen Regalwänden inszeniert, die mit strahlend hellen Sofakissen und Blumentöpfen bestückt sind, sodass man sich fast zu Tode erschreckt, wenn alle fünf Meter mal ein Teelöffel in Hellgrün oder Altrosa dazwischensortiert wurde.

Und vielleicht empfinde ich doch ein klitzekleines bisschen teuflische Genugtuung, dass ABBA der Menschheit eben nicht aufgrund jener Farbe in Erinnerung blieben, in der sie verdammt lange verdammt gut aussahen und die mir nicht vergönnt war. Stattdessen werden sie wohl bis ans Ende der Zeit als die durchgeknallten Freaks gelten, die Superman-Capes mit Kindergitarren kombinierten und Badekappen für Chlorallergiker auf dem Kopf trugen.

Immerhin sind sie in guter Gesellschaft. Denn nicht nur in der Mode bleibt das Gruselige im Allgemeinen mehr im Gedächtnis als das Geschmackvolle. Die Verfehlungen, Versprecher und Versager-Situationen übertünchen so manches Lebenswerk.

Was ist von unserem Bobbele übriggeblieben als das Bildnis eines semmelblonden Samenberaubten, dessen gestammeltes »Bin ich jetzt drin oder was?« für die *Telekom* sich noch mehr ins deutsche Häme-Hirn gebrannt hat als der finale Punktestand in Wimbledon 1985?

Sportreporterin Carmen Thomas wurde für ihr »Schalke 05« jahrelang ausgelacht, während Bild-Heiopei Franz Josef Wagner, selbst nicht mit einem Attraktivitätsüberschuss gesegnet, Franziska van Almsick ungestraft »Franzi von Speck« nennen durfte und damit ihre sportlichen Erfolge einfach mal so als Pillepalle abtat. Und heute wissen wir ja, dass bei Zugverspätungen, Blitzeis oder Denguefieber IMMER die Grünen schuld sind. Würde Robert Habeck in diesem Jahr noch dafür sorgen, dass ab sofort weltweit das 1,5-Grad-Ziel erreicht wird, jeder Krieg der Welt und auch der illegale Welpenhandel für immer gestoppt wird, er würde trotzdem für alle Zeit als der Typ in Erinnerung bleiben, der Müsli mit Wasser frühstückt.

So ist es nicht verwunderlich, dass wir fälschlicher-, aber konsequenterweise ABBA auf ihren Gewinnerlook reduzieren und diesen auch noch ständig als scheußlich titulieren.

Die Modehistorikerin Amanda Hallay hat sich die frühen ABBA-Outfits mal näher angeguckt und kommt zu dem Schluss, dass die Band sehr unfair behandelt wurde. In ihrer Video-Analyse »20th Century Style Icons« empört sie sich zu Recht darüber, dass etwa Agnethas bauchfreier roter Zweiteiler von ihren Studierenden als peinlich gewertet wurde, die Glitzerfummel von David Bowie oder Freddie Mercury dagegen als ikonisch gelten, obwohl diese damit ja bekanntlich aussahen wie alternde

Messerwerfer in der Vorstadtzirkus-Nachmittagsvorstellung. Dabei, so Hallay, seien die Schnitte der *Waterloo*-Kostüme oder auch der viel belächelten blumenbestickten Folklore-Kleidchen den Styles der angesagten Designer der Zeit nachempfunden, die silbernen Ketten sieht sie gar als Vorläufer der Punkmode.[5]

Ich würde noch weitergehen und sagen, sie haben mit ihrem Hang zu munteren DIY-Dandy-Kostümen bis in die frühen 80er hineingewirkt, als das selbstverliebte Herausputzen ohne Rücksicht auf Verluste mit der berauscht-berüschten New Romantic Bewegung seinen schillernden Höhepunkt erreichte. Als Adam Ant in *Prince Charming* behauptete, »Ridicule is nothing to be scared of«, hatten ABBA zu dieser These bereits enorme stoffliche Vorarbeit geleistet. Sie hatten nämlich früh begriffen, dass eine Unterscheidung in positiv und negativ bei dem Konzept »Auffallen« nicht vorgesehen ist. Genau wie Makler ständig »Lage! Lage! Lage!« rufen, schreien uns heute unzählige Social-Media-Gurus an, dass wir SICHTBAR (mit drei Ausrufezeichen) werden müssen, und die wenigsten schaffen das, ohne sich dabei zu blamieren. Wohl weil man heute unter Sichtbarkeit versteht, dass man in seiner perfekt aufgeräumten Ikea-Küche steht und einen Trend-Salat aus nur elf Zutaten macht, den zeitgleich Tausende andere identisch zubereiten und der ja »sooo gut!« ist (vor allem, wenn man vorher die *Hello Fresh*-Box aus dem Bild geschoben hat).

Was bleibt, ist ein verzerrtes Bild: Während selbst die größten Kritiker sich inzwischen einig sind, dass ABBA der Menschheit einen ebenso großen Feelgood-Dienst erwiesen haben wie der Erfinder der Heizdecke, tut man der Band großes Unrecht, wenn man ihr stetig Fashion-Fehlgriffe unterstellt. ABBAs modische Melange aus Lächerlichkeit und Unbekümmertheit ist stets unerreicht geblieben.

So viele andere haben versucht, sich einfach eine goldene Schärpe um ein weißes Nachthemd zu schnüren und Kopfbedeckungen zu wählen, mit denen in der Karibik Drinks serviert werden, um damit eine ähnliche lachhafte Leichtigkeit zu erzielen, aber weder *Ottawan* noch *Dschinghis Khan* hat das irgendwelche Sympathiepunkte eingebracht.

Und wenn man ihnen schon ein unglückliches Händchen bei der Stoffauswahl vorwerfen will, sollte man das zeitlich auch richtig einordnen. Die wirklichen Modesünden waren nicht die Eurovisions-Polyacryl-Unfälle. Das, was immer als lächerlich propagiert wurde, war in Wahrheit nur die offizielle Popstar-Berufskleidung der frühen 70er-Jahre, die ABBA ja angeblich nur auf der Bühne trugen, da man diese Outfits von der Steuer absetzen konnte. Deutlich peinlicher wurde es, wenn man mich fragt, erst in der letzten ABBA-Phase, als Agnetha ihr Haar zu einer sauerkrautartigen Masse formte, wie sie der Sänger der *Goombay Dance Band* trug, und Frida mit pastell-pink gefärbtem Igelschnitt ein wenig aussah wie eine mobile Fußpflegerin mit *Fiat Bambino*. Hatten sie Anfang der 70er noch kräftig bei der ausgehenden Glamrockwelle geklaut, liebäugelten sie zu Beginn der 80er, die mit wandelnden Farbpaletten wie Boy George und Steve Strange als die bunteste von allen in die Geschichte eingehen sollte, mit dem Look eines Sparkassenberater-Teams in Mönchengladbach. Das Cover von *The Visitors* zeigt jedenfalls, dass sie innerlich bereits als Popstar gekündigt hatten.

Aber nicht nur modisch hatten sie zeit ihrer Karriere nie Angst, sich zum Affen zu machen. Sie spielten lahme Sketche mit Rudi Carrell, sangen in der *Saturday Night Live*-Show in der Kulisse einer sinkenden Titanic *S.O.S.* und wickelten sich fürs Foto-Shooting in Alufolie ein, weil *BRAVO*-Fotograf Bubi Heilemann das lustig fand (und angeblich auch sehr freigiebig Sekt ausschenkte). Sie texteten ohne Wörterbuch und »so nach Gefühl«, wie ein Waldorfschüler Kommata setzt, und tanzten manchmal so konsequent gegen den Beat, dass es fast schon eine Kunstform für sich war.

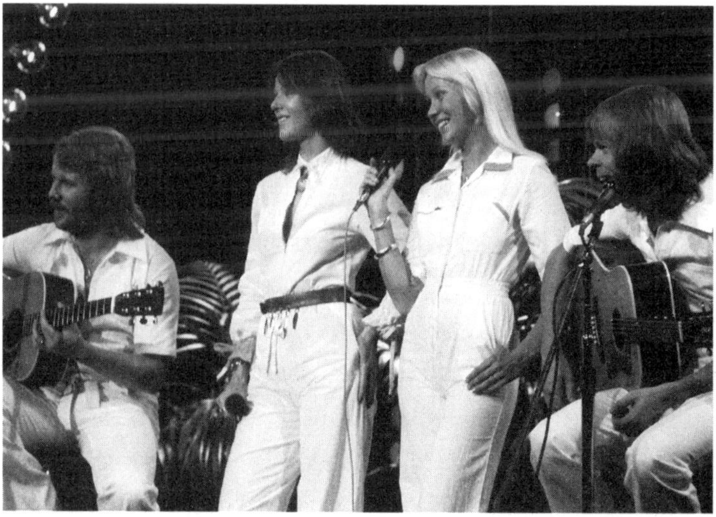

Weißer geht's nicht!

Kein Wunder sind sie Opfer diverser Persiflagen geworden, die aber stets Häme und Huldigung vereinten. Necken kann man nur, was man liebt. Und so kann ihnen auch die großartige Parodie des britischen Comedy-Duos *French and Saunders* nichts anhaben, in der vier ABBA-Imitate in Kunstpelzmänteln in Zeitlupe zum Fake-Song *C'est La Vie* im Morgennebel durch den Stadtpark taumeln.[6]

Aber egal, ob mit Schlangenhaut-Suit, rosa Ganzkörperanzug mit Herzchen-Cutout um den Bauchnabel oder auch mit bereits erwähnter saurer Welle: ABBA haben im Endeffekt alles richtig gemacht. Denn unser Gedächtnis sammelt Ausnahmen, keine Regeln. Und das ist vielleicht auch gut so. Wir wissen ja: *Bad ideas make the best memories*. Haben wir schon mal ein altes Flip-Fotoalbum rausgekramt und auf runden Geburtstagen geprahlt: »Guck mal, ich mit achtzehn. Jeans und T-Shirt. Toll, was?« Nein, es sind die »Ich schmeiß mich weg, 'ne GELBE *Vanilia* Hose zur weinroten Collegejacke!«-Bildnisse im Format 9 x 13 cm mit abgerundeten Fotoecken (voll der heiße Scheiß damals), auf denen wir mit unserer besten Freundin vor unserem *Corsa Steffi* posieren wie Crockett und Tubbs vor ihrem *Ferrari Testarossa*, allerdings mit einem Blick, als hätten wir vor lauter Coolness vergessen, einen längst überfälligen Toilettengang anzutreten. Jüngere werden sich vielleicht mit dem gleichen wohligen Scham-Schauer erinnern, wie sie mit Baby-Spice-Frisur und Buffalos in der Dimension eines Riesenstücks Buttercremetorte steilgingen. Und die Youngsters von heute finden ja vielleicht in zwanzig Jahren auf irgendeinem Gerät, mit dem man mit dem *iPhone 15* gemachte Fotos entschlüsseln kann, Bildnisse ihrer selbst und fragen sich: Hä? Weiße Sneaker und Oversized Coat? Wann war DAS denn mal modern?

Und wenn Björn immer wieder auf seine grotesken Kostüme anspielt (»Wir sahen total bescheuert aus. Niemand sonst hat auf der Bühne wohl so schlimme Klamotten getragen wie wir«[7]), dann ist da wohl auch viel Koketterie dabei. Auch wenn er inzwischen auf schwarze Designer-Anzüge umgestiegen ist, ich wette, er hat immer noch seine weißen Strumpfhosen im Schrank und zieht zur Belustigung der Enkel jeden Sonntag noch mal seinen blauen Superhelden-Anzug von 1974 an.

Man muss keine Modeprofessorin sein, um festzustellen: Die Spuren von ABBAs »Sieht komisch aus, aber ich lass das jetzt so«-Attitude sind heute noch zu spüren. Der Mut zur Lächerlichkeit ist jedenfalls wieder extrem aufgeblüht, etwa bei der *Weird Girl Aesthetic*, bei der junge Mädchen sich mit Riesenbrille und einem wilden Farbenmix freiwillig in eine Mischung aus Lisa Simpson und Nana Mouskouri verwandeln. Und war Vollbart-Benny gemeinsam mit Barry Gibb nicht stilprägend für jene offensive Kinnbehaarung, die seit ein paar Jahren ein Revival feiert und dafür gesorgt hat, dass in Berlin-Mitte inzwischen mehr Barbershops als Bäckereien zu finden sind?

ABBA haben nie aufgehört, uns modetechnisch zu imponieren. Frida wurde just auf einer *Voyage*-Vorstellung in einem beigen Twinset gesehen, das auf den ersten Blick aussieht, wie im Vorbeigehen von der Stange mitgenommen. Okay, es mag einer High Fashion Kollektion aus kaviargetränktem Kaschmir und mit vollendet vergoldeten Knöpfen entstammen, aber das Modell gibt es schnittgleich auch bei *C&A* in der Yessica-Abteilung. Bei Madonna würde sofort das Oma-Shaming losgehen, hier aber wagt sich keine Klatschpostille, ihre Oberbekleidung zu kritisieren, nicht mal mit einem Augenzwinkern. Warum auch? Sie ist alt genug und darf das. Wer uns fünfzig Jahre lang feinsten Stoff für Spekulationen geliefert hat, der darf jetzt auch mal in einem Traum in Hellbraun erscheinen. Und egal ob im Glitter-Gehrock oder im wollenen Wämschen, die ABBA-Mode vermittelt uns am Ende eine wichtige Botschaft: Wenn man keine Angst hat, sich zum Horst zu machen, kann das Leben einem nichts, aber auch gar nichts mehr anhaben.

Für mich kann ich sagen: Vorbei sind die Zeiten, als ich nie ohne Zwangsgedanken aus dem Haus konnte wie »Sind Schlaghosen überhaupt noch in oder muss ich jetzt die Cringy-Skinny-Minny-Highwaist-to-Hell-Passform wählen? Darf das T-Shirt über der Hose getragen werden, oder muss ich es so lässig und locker vorne reinstopfen, dass ich zwei Stunden nicht atmen kann? Kann ich mir einfach ein Baumwolltuch um den Hals knoten, ohne vorher das YouTube-Tutorial ›15 Arten, einen Schal zu binden‹ gesehen zu haben?«

Also, ABBA: Danke! Nicht nur für die Musik, auch für die Modeberatung! Ich weiß jetzt, dass Weiß nix für mich ist. Und Diäten schon gar nicht. Bei der nächsten Mottoparty nehme ich einfach einen güldenen Superhelden-Umhang. Denn der hat ja sicher auf dem Etikett die zeitlos schönen Worte stehen: *One Size Fits All.*

Zehn Dinge, die im Gegensatz zu ABBAs Kostümen WIRKLICH peinlich sind

- Der Song *Wer im Wartesaal der Liebe steht* (deutsche Version von *Another Town, Another Train*)
- Jemandem zurückwinken, der einem gar nicht gewunken hat
- Pizza Cozze bestellen
- In ein beiges Fahrzeug steigen, das kein Taxi ist und »Einmal Hauptbahnhof« sagen
- Das Gestöhne auf *Honey, Honey*
- Merken, dass man zu langsam ist, um dem Bus hinterherzurennen und so tun, als ob man ihn gar nicht kriegen will
- Anderen erklären zu müssen, dass der Fleck auf deiner weißen Hose Haselnusscreme ist
- »Push« und »Pull« auf der Glastür verwechseln
- Im Supermarkt mit einem Fremden drei Mal synchron nach rechts und links ausweichen
- Die *A*Teens*

Hummelflug: Frida For Future

Als ich klein war, gab es in der *Sesamstraße* eine Rubrik, die hieß »Welche von den Dingen gehören zusammen?«. Das war immer baby-einfach, zum Beispiel ein Apfel, eine Banane, eine Birne und eine Quietscheente.

Würde man auf dem *Voyage*-Album nach einem solchen *odd one out* fragen, wäre das sicher der Song *Bumblebee*. Ein kleines, kindlich wirkendes Liedchen über das Insektensterben, das musikalisch zwischen *Fernando* und *Bolero* und textlich zwischen *Mein Freund, der Baum* und dem *Earth Song* herumtaumelt und inmitten der ganzen anderen Songs über Liebe und Leid im Lebensherbst merkwürdig deplatziert wirkt. Vor allem macht es eines klar: Protestsongs schreiben will gelernt sein. Okay, es ist wohl eher ein Protestsong light mit der vorsichtigen Message »Eine Welt ohne Hummeln wäre ganz schön doof«, der jedoch auf herzzerreißende Weise zeigt: Die Grenze zwischen Kitsch und Kampflied ist verdammt schmal.

Es klingt, als hätte ein externer Imageberater diskret empfohlen: Macht noch mal irgendwas mit Umweltschutz, aber nicht so weinerlich, das mögen die Leute nicht!

So weicht die Kritik am menschengemachten Klimawandel recht bald einem Feelgood-Refrain, der besagt »Na ja, ist alles schlimm, aber jetzt sitze ich hier erst mal schön sorglos in meinem Garten und lausche dabei den herumschwirrenden Hummeln«. Als ob man in seinem Beach Resort am Indischen Ozean aus dem Fenster guckt und beobachtet, wie sich eine Tsunamiwelle auftürmt, und denkt: »Guck an, der Klimawandel. Aber die Happy Hour an der Bar um 17 Uhr schaffen wir noch!«

Keine Frage, man kann Frida nicht böse sein, wie sie hier in einem Englisch, das in seiner Unbeholfenheit beinahe dem beschriebenen Hummelflug gleichkommt, von ihrer Passion für staatenbildende Insekten schwärmt – allein das herrlich skandinavisch betonte »He's just a tiny fuzzy ball« lässt auch beim kritischsten Geist Milde walten. Aber ein bisschen cringe ist es schon. Bei mir mischte sich ins dezente Fremdschämen sogar noch ein bisschen Wut ob dieser nicolesken »Ein bisschen Öko«-Attitüde: »Na toll, Chance verpasst!«, war meine erste Reaktion. Hätten ABBA nicht mal ihre Popularität nutzen können, um ihre Millionen Fans für den Klimaschutz zu sensibilisieren? Warum gründet Frida, die sich ohnehin bereits für den Umweltschutz engagiert, nicht eine eigene *Frida For Future*-Bewegung? Warum haben sie den Song nicht als Single ausgekoppelt und je einen Euro an ein Insektenhilfsprojekt gegeben, so wie damals die Einnahmen von *Chiquitita* komplett an *Unicef* gingen?

Meine Entrüstung legte sich jedoch schnell wieder, denn die Antworten liegen auf der Hand. Abgesehen davon, dass der Song vielleicht eher mittelmäßige Hit-

Chancen hätte, sind ABBA jetzt in einem Alter, in dem sie gar nichts mehr müssen. Sie haben schon mit Mühe und Not ein letztes Album aufgenommen, müssen sie jetzt auf ihre alten Tage noch mit einer Message rüberkommen?

Protestler aller Art haben derzeit ohnehin einen schweren Stand. Ein an die Düngemittelindustrie gerichtetes »How dare you?« würde höchstens dazu führen, dass sich Treckerfahrer einen »Fuck you, Frida!«- Aufkleber auf den Zweiachs-Dreiseitenkipper beppen würden. Die Kommentarspalten wären voll mit »Ach, guck mal, die Weltstars wollen UNS vorschreiben, wie wir zu leben haben! Selber rumjetten wie der König von Schweden und dann einen auf Weltverbesserer machen! Und wieso überhaupt eine Hommage an die Pummel-Hummel, was ist mit Bienen? Warum sollen die nicht gerettet werden? Weil sie Stecherqualitäten haben? Das ist Speziesismus! Und übrigens, den Chinesen sind die Hummeln mal so was von egal!«

Wer sich für die gute Sache einsetzt, wird leider schnell zum Vollhonk. Sting hat mit seinen Versuchen, den Regenwald zu retten, fast mehr Häme auf sich gezogen als mit seinen Yoga-Fotos. Und Bono ist letztendlich nicht als Vater des Weltretter-Pops im Gedächtnis geblieben, sondern als der Typ, der die Vokuhila erfunden hat.

Da stellt sich die Frage: Haben Protestsongs überhaupt jemals irgendetwas erreicht? Sind weniger Parkplätze gebaut worden, seit Joni Mitchell in den 70ern mit *Big Yellow Taxi* die Plattmachung von Landschaften zugunsten von Pkw-Abstellstätten beweint hat?

Hat schon mal irgendein Diktator seine Truppen zurückgezogen, weil er hinterm Vorhang seiner Regierungskemenate heimlich eine Horde Menschen beobachtet hat, die auf dem Marktplatz »Imagine there's no countries« sang? Gibt es weniger Nazis, seit *Die Ärzte* sie als liebessehnsüchtige Arschlöcher entlarvt haben?

Und was ist eigentlich aus den vielen Millionen geworden, die *Band Aid* und *Live Aid* eingespielt haben? Von undurchsichtigen Machenschaften bei der Spendenverbuchung war die Rede, und wo die Erlöse am Ende hinflossen, hat man nie wirklich erfahren. Abzüglich Stadionmiete, Personal, Friseurkosten für *Duran Duran* und die *Concorde* für Phil Collins hat es am Ende wohl nur für einen Tageslichtprojektor in einem Schulungszentrum irgendwo in Afrika gereicht.

Was soll also das ganze musikalische Gewimmere, wenn es die Welt nicht besser macht? Protestsong-Pros wissen: »The answer, my friend, is blowing in the wind.« Man kann aber auch einwenden, dass die Korrelation von Protestlied und proaktivem Tun empirisch nicht belegbar ist. Keine Statistik erfasst, wie viele Menschen vom Auto aufs Rad umgestiegen sind, weil *Karl der Käfer* sie zu Tränen gerührt hat und dass *Killing in the Name* eigentlich ein Anti-Rassismus-Song ist, ist vielen *Rage Against The Machine*-Hörern, die dazu ihre schweißtriefende Langhaarfrisur in dunklen Spelunken schwingen, noch gar nicht zugetragen worden.

Klar ist dagegen: Mit der Haltung »Wir können ja eh nichts ändern« hat sich, ta-daa, wirklich noch nie was geändert.

Wenn ich nach meinem anfänglichen Unmut überhaupt eine Message aus *Bumblebee* ziehe, dann die, dass ich mich kleinlaut frage: Was mache ICH denn für die Hummeln? Ich singe nicht mal über Hummeln, warum verlange ich dann von anderen, dass sie ein paar Milliönchen in den Hummelfonds einzahlen sollten? Ich wusste nicht mal, dass sie überhaupt gefährdet sind, und hatte deshalb auch keine Ahnung, was man für Hummeln tun muss, damit sie nicht aussterben.

Also habe ich mich informiert: »Hummeln sind streng gefährdet«, war der erste Eintrag, »Hummeln sind noch nicht gefährdet« der zweite. Darunter diverse Statements, warum Zuckerlösung entkräfteten Hummeln hilft und dass man auf keinen Fall entkräftete Hummeln mit Zuckerwasser päppeln sollte. Ja, was denn nun? Immerhin ist man sich einig, dass Nieswurz und Büschelschön Hummeln anlocken. Büschelschön! Das klingt, als würde einem ein Kellner mit lockerem Gebiss ein Kännchen Kaffee hinstellen. Gleich morgen fahre ich ins Gartencenter und hole mir eine Palette davon. Vielleicht auch noch ein Insektenhotel? Aber was, wenn das im Sturm runterfällt und auf dem Boden krabbelnde Tagpfauenaugenraupen erschlägt?

Puuh, Gutes tun ist ganz schön schwer. Und da bin ich sauer, dass ABBA nur eine kleine Wohlfühlballade abgeliefert haben, statt nackt mit schwarz-gelb gestreiftem Bodypainting-Outfit Fußballspiele zu crashen und »Save the bumblebees!« zu grölen?

Die Antwort, die irgendwo im Wind bläst, heißt wohl:

Ein bisschen tun ist besser als nichts tun. Und wenn viele ein bisschen tun, gibt uns das etwas, was wir in diesen düsteren Zeiten dringend brauchen: eine leise Hoffnung, dass es irgendwie gut werden wird.

Letztendlich hocken wir ja alle nur auf dieser Erde wie Frida im Blumengarten und versuchen, zwischen all den Schreckensnachrichten den Blick für kleine Wunder nicht zu verlieren, und wenn es nur fliegende Flauschbälle sind.

»Wenn ich wüsste, dass morgen die Welt unterginge, würde ich heute noch ein Apfelbäumchen pflanzen«, soll Martin Luther einst gesagt haben. Guter Mann. Und wenn ich schon im Gartencenter bin, hol ich gleich auch noch einen Vorteilspack lilafarbene insektenfreundliche Blumen und rufe der schwindenden Welt zu: Hier, das ist MEIN Beitrag. Büschelschön!

3 Non Blondes: Helle Köpfe, alte Zöpfe

Es gibt unzählige Bücher über ABBA: Biografien, Bildbände, Songbooks, Hommagen, schlecht aus dem Englischen (das schon aus dem Schwedischen übersetzt wurde) übersetzte Ereignis-Aneinanderreihungs-Wälzer, sogar ein ABBA-Bilderbuch für Kinder.

Ein Werk ist mir besonders aufgefallen, weil es auf schmerzliche Weise einen ewigen wunden Punkt in der Außenwirkung der Band aufzeigt: Das Buch ABBA *Thank You For The Music* schafft es nicht nur, gleich im ersten Satz Agnethas Hintern zu erwähnen, sondern beschreibt auch das Eintreffen der Sängerin in der Hotel-Lobby in Brighton am Vorabend des ESC 1974 wie folgt: »Sie strahlte eine glühende Sexualität aus – sie wirkte wie eine frisch aus dem Konvent entlaufene Jungfrau, die soeben genussvoll ihre Unschuld verloren hatte.«[8] Uff, das muss man erst mal sacken lassen. In einer Bar darüber zu spekulieren, wer wann wie seine Unschuld verloren hat – das wäre damals noch nicht mal Thomas Gottschalk in den Sinn gekommen. Der Biografie-Anfang ist nicht nur unglaublich dämlich formuliert (das sexistische alte Bild von Heiliger oder Hure, im besten Falle beides vereint, damit der geifernd Betrachtende seine sündigen Gedanken legitimieren kann), er sagt vor allem eines aus: Agnetha ist der Mittelpunkt, die anderen sind bloß die 3 Non Blondes.

Auch die mit einem jungen Rowan Atkinson als Björn zugegebenerweise sehr lustige ABBA-Parodie der britischen Comedy-Show *Not The Nine O'Clock News* schlägt in die gleiche Kerbe. In ihrer Persiflage *Supa Dupa* singt die Fake-Band:

One of us is ugly, one of us is cute
One of us you'd like to see in her birthday suit[9]

Eine hässlich, eine süß, und nur Letztere will man also gerne mal sehen »wie Gott sie schuf«. AAAAA-HA.

Auf dem Cover einer *BRAVO* von 1979 sieht man ein künstlich zusammengeschnippeltes Live-Foto von Frida und Agnetha, wobei Letztere deutlich größer zu sehen ist und den Blick auf die Hinterseite freigibt.[10] Und es war auch Agnetha, die fürs Fotomotiv im kurzen Kleidchen vor einer gruseligen Kulisse aus blonden Puppen lasziv an einem Riesenlolli lutschten musste.

Sogar eine Masterarbeit über ABBA stellt im Kapitel »ABBA und ihre Bühnenpräsenz« fest: »Besonders durch die Person Agnetha Fältskog – die man als blonde Femme fatale bezeichnen kann – gewann die Bühnenpräsenz von ABBA zusätzlichen Reiz, denn sie war diejenige Person, die im Rampenlicht einer ABBA-Show auch das Erotische mehr in den Vordergrund rückte und dies visuell besser als ihre Mitstreiterin Anni-Frid Lyngstad.«[11]

Kann es sein, dass der Autor »Erotisches in den Vordergrund rücken« verwechselt mit »eigene Fantasien hineinprojizieren, weil, hier, Dingens, gucken Sie mal, die ist doch blond, die will das doch!«

Dass man als Blondine nicht viel tun muss, außer jung (am besten siebzehn) zu sein und vor einem zu stehen, um als den Verstand auslöschender Männertraum zu gelten, hatte der deutsche Schlager ja schon Jahre zuvor etabliert.

In Bezug auf ABBA hatte das ganze Elend bei der ESC-Show 1974 angefangen, als archaische Bewertungsmuster noch sendetauglich waren. Nicht nur, dass ABBA im Vorfeld als »Born (!), Frida, Anna, [...] die hier mit den langen blonden Haaren, und Benny« vom britischen Kommentator angekündigt wurden. Wie die Zeiten damals waren, merkt man auch daran, wie dieser als kurzes, lustig gemeintes Info-Häppchen ein Stück aus dem spanischen Beitrag von Peret (Pedro Pubill Calaf) übersetzte, bevor dieser sein Liedchen *Canta y sé feliz* schmetterte: »Wenn man im Auto anhält, um eine Blondine mitzunehmen und diese nur eine Mitfahrgelegenheit will, dann funktioniert das nicht!«

Natürlich unwidersprochen. Bis Hannah Waddingham auf dem roten Teppich einem Fotografen, der mehr Bein von ihr sehen wollte, »don't be a dick!« zurufen durfte, sollten noch fünfzig Jahre vergehen.

So fragwürdig diese Betrachtungsweise auch ist, so sicher ist es auch, dass man Konventionen, mit denen man aufgewachsen ist, nicht so einfach abstreifen kann, auch wenn man ihren Bullshit-Faktor inzwischen voll durchschaut hat. Ich komme aus einer Zeit, in der es normal war, wenn die Onkel bei der Familienfeier im Restaurant den Kellnerinnen, die damals noch »Frollein« oder »Ey!« hießen, einen Klaps gegeben haben. Wir denken ja immer, es war wie heute, nur mit mehr Glitzer. Es war aber auch die Zeit, in der Frauen entweder nackt für *Fa*-Seife Werbung machen durften oder möglichst lautlos in der Küche Kaffee mit Verwöhnaroma zu kochen hatten.

Und das war noch nicht das krasseste Klischee. Ich erinnere mich etwa an eine sehr merkwürdige Begebenheit aus meiner Grundschulzeit. Während des Unterrichts klopfte es an der Tür und zwei komische Gestalten mit einem Koffer standen auf einmal im Türrahmen. Die Lehrerin war völlig überrumpelt, ließ die beiden aber eintreten. Sie stellten sich als Vertreter für irgendein Produkt vor, das ich vergessen habe, wahrscheinlich eine Staubsaugerfirma oder eine Lebensversicherung, und holten aus ihrem komischen Koffer zwei hässliche aufklappbare Foto-Medaillons hervor. Auf der einen Seite war wohl Werbung für ihr dubioses Unternehmen, auf der anderen Platz für ein eigenes Bildnis. Diesen unermesslichen Schatz wollten sie ganz uneigennützig verschenken, und zwar erstens an »das schönste Mädchen« und zweitens »den schlauesten Jungen« in der Klasse. Ohne den geringsten »Was'n das für'n Rollenklischee-Scheißdreck«-Protest (ja, es waren andere Zeiten) wurde daraufhin abgestimmt: der schlaueste Junge war natürlich Hans-Peter, der schrieb immer Einsen und war durch seinen Doppelnamen schon was Besseres. Das schönste Mädchen, da war man sich einig, war Heidi, schlank, stupsnasig, ruhig und blond wie ein Weizenfeld.

So ist es nicht verwunderlich, dass sich unsere frühkindliche Rollenprägung auch bemerkbar machte, wenn ich mit meiner Freundin Andrea ABBA spielte, was wir immer taten, wenn wir nicht genügend Nachbarskinder für *Bonanza* zusammenbekamen. Beim Aufklappen der Verkleidungskiste riefen wir meistens gleichzeitig: »Ich will aber Agnetha sein!«

War es, weil ich blond schöner fand? Oder weil ich etwas Engelhaftes darstellen wollte, weil ich beim Krippenspiel in der Schule immer nur auf der hintersten Treppe stehen und Triangel spielen durfte, während alle elterlichen Ritsch-Ratsch-Klick-Kompaktkameras auf den tirilierenden Rauschgoldengel im Goldfolienkleid gerichtet waren? Fest steht jedenfalls, dass ich mit Pottschnitt, Gehfehler und selbst gehäkelten Bikinis ausgestattet jedes Recht hatte, nach Verbesserung zu streben.

Natürlich war es keine Strafe, Frida zu sein. Aber wir hatten nur eine blonde Perücke, nämlich die, mit der ich Karneval immer als stereotyp gekleidete Frau Antje ging, die im Fernsehen ja schon lange vor Linda de Mol den Käse aus Holland brachte.

Für Frida brauchte ich keine Perücke, denn »straßenköterbraun«, wie es damals hieß, war ich von Natur, von daher übte sie etwas weniger Faszination auf mich aus.

Doch woher kommen solche Annahmen, dass Mädchen nicht schlau, sondern hübsch sein sollen und in dieser Kategorie das Blondsein die Königsdisziplin ist? Vielleicht daher, dass Lehrer solche Blödsinn verbreitenden Billigheimer nicht rausgeschmissen haben?

Vielleicht hat bei den Autoren besagter ABBA-Biografie auch mal ein Handlungsreisender angeklopft mit den Worten »Tach, ich habe hier einen vierfarbigen Kugelschreiber, wer von euch drei Knalltüten schafft es, die dümmste Einleitung aller Zeiten zu schreiben?«

Fest steht, dass sie bei den Frauen sehr viel genauer hinguckten als bei den Männern. Schon im Klappentext ist von »Agnethas blauer um die Pobacken unverschämt enger Pumphose« sowie von »Stig Andersons Napoleonhut« zu lesen. Den hat dieser aber nie getragen, sondern Dirigent Sven-Olof Walldoff. Tja, wenn einem derartige pausbäckige Pantalons an die Pupillen geworfen werden, kann man schon mal die Fakten aus den Augen verlieren, oder?

Natürlich finde ich heute allein die Geschlechterzuweisung von Klugheit und Schönheit, wobei Letztere sich offenbar auf eine inoffizielle Blondheits-Messlatte berief, merkwürdig, die haarpigmentabhängige Klassifizierung von Frauen in »sexy« und »auch ganz hübsch« schlimm und die Herleitung »das war damals halt so« zu einfach. Wir wissen inzwischen doch alle: Es kommt nicht auf die Haarfarbe an, sondern auf die Insta-Reichweite.

Aber im Ernst, es ist leicht, sich heute über Dinge zu empören, die einem die Erwachsenen, und die wussten ja immer alles, eingeflößt haben und die man nicht abschütteln kann, obwohl man sie überholt findet.

Wahrscheinlich bin ich wie ein Küken von Konrad Lorenz, das immer hinter dem gelben Gummistiefel hergerannt ist, den es für seine Mutter gehalten hat, falsch geprägt worden.

Und die Buchautoren waren wohl auch Kinder ihrer Zeit, die in ihrer Jugend nicht nur Bo Derek zehn von zehn Punkten gaben, sondern auch alle anderen Traumfrauen in Hotness-Skalen bewerteten.

Jahrzehntelange Image-Imprägnierungen sind schwer abzustreifen, wie sich neulich bei einem Fernsehabend auf unserer Wohnzimmercouch bestätigte.

»Wer ist denn die Schauspielerin?«, wollte ich beim Serien-Marathon wissen. »Die Blonde?«, fragte meine Tochter, worauf ich entgegnete: »Nein, die andere.«

Interessanterweise beschrieb ich die andere, die auch eine eindeutige Haarfarbe hatte, nicht mit einem diese definierenden Adjektiv. Man hätte auch sagen können: »Nein, die Brünette, Schwarz- oder Braunhaarige«, aber nein, wer nicht blond ist, ist automatisch »die andere«.

Doch wie kommt es, dass sich das Credo »Blondinen bevorzugt« Jahrzehnte nach dem gleichnamigen Monroe-Klassiker aus den 50ern hartnäckig gehalten hat? Wenn wir schon bei alten Schinken sind, können wir da auch ruhig mal wie Lehrer Bömmel in der *Feuerzangenbowle* sagen: »Da stelle ma uns mal janz dumm«, und referieren: Eine Blondine ist eine Frau, dic wie circa zwei Prozent der Weltbevölkerung eine Haarfarbe zwischen gelblich und bräunlich hat. Mehr isses nicht. Den ganzen anderen Quatsch hat der bewertungssüchtige Homo sapiens über die Jahrhunderte ohne nennenswerte wissenschaftliche Belege dazugedichtet.

Jaja, wir wissen, dass Helena, die schönste Frau der Welt, blond gewesen sein soll. Unzählige Kapitäne haben ihren Kahn schon vor den Felsen gerammt, weil die Loreley hoch oben auf dem Rheinhügel ihr güldenes Haar kämmte (Fun Fact: schuld war natürlich die Loreley, nicht der hackedichte Steuermann). Offenbar aus lauter Angst vor solch todbringender Begehrlichkeit und um das Objekt der Begierde zu degradieren, erfand man dann den Blondinenwitz. Das Prinzip findet sich noch heute: Was wir bedrohlich finden und uns dazu zwingt, uns mit unbequemen Wahrheiten oder sogar noch unserer Sexualität auseinanderzusetzen, machen wir lächerlich. Es lässt sich wunderbar anwenden auf alles, was männliche Vorherrschaft bedroht: Rothaarige (wissen zu viel und sind darum Hexen), Blondinen (maßen sich an, in engen Hosen durch Hotellobbys zu staksen), Dunkelhaarige (zerstören die Beatles oder werden Außenministerin).

Ein dümmlich-diskriminierender Hell-Hype also und in seiner Logik ebenso sinnlos wie das Gütesiegel »DLG prämiert« – ein Label, bei dem die Industrie kurzerhand selbst ihre eigenen Produkte auszeichnet (sollte es nicht überflüssig sein, eine Auszeichnung für »einwandfreie Qualität« zu vergeben? Ein Hotel wirbt ja auch nicht damit, dass es nicht durch die Decke regnet).

Was niemanden über die Jahre davon abgehalten hat, diese nebulöse Annahme, dass Blond »irgendwie besser« ist, schamlos auszunutzen.

Kein Wunder, wir leben in einer Welt, in der Menschen Bücher eher nach Farben sortieren als nach Inhalt.

Warum soll man da nicht mit seinem Schopf schon mal ein paar Werte vorausschicken, die dem Gegenüber quasi per Leuchtboje eine Einordnung ermöglichen, bevor wir überhaupt den Mund aufmachen müssen?

Blond ist in Deutschland nach wie vor die beliebteste Haarfarbe, wenn es ums Colorieren geht.[12] So ist es wohl auch kein Zufall, dass die am hellsten leuchtenden Beispiele deutscher Prominenz vor flachsfarbener Vorzeigekraft strotzen: Boris Becker, Steffi Graf, Claudia Schiffer, Heidi Klum, Otto Waalkes, das Sandmännchen oder die Geissens.

Wird hellhaarigen Männern allenfalls eine gewisse Robert Redfort-artige Hünenhaftigkeit nachgesagt, wird bei Frauen gleich erbarmungslos in die Assoziationskiste gegriffen: Blond ist sexy, blond ist göttlich, blond ist unschuldig, blond ist sittsam; besungene helle Köpfe sind entweder männermordend *(Love Blonde)* oder lebensbedrohend *(Suicide Blonde)*, und schwarzbraun, na ja, ist halt die Haselnuss.

Diesem Muster entsprechend hatte Agnetha auch viel mehr Solo-Titelseiten auf Zeitschriften. Wenn Frida mal auf dem Cover war, titelte man gleich »Anni-Frid – Het buiten beentje van ABBA« – die Außenseiterin.[13] Und unter einem gemeinsamen Coverbild der beiden fragte die niederländische Zeitschrift *Libelle*: »Was haben sie eigentlich gemeinsam?«[14] Eine perfide Metaebene, wie sie heute nur die BILD beherrscht.

Selbst Björn schien bei seiner Brautwahl die Mähne nicht außer Acht gelassen zu haben: Bei einem ABBA-

Liveauftritt sagte dieser seine damalige Ehefrau ungefähr so an: »Und hier kommt eine Dame, die ich sehr gut kenne. Es ist die Blonde!« Sehen wir hier etwa ein kleines Die-Frau-als-Statussymbol-Denken, nach dem Motto: Die Blonde gehört mir, dass das klar ist?

Die Agnetha-Biografie von Daniel Ward heißt wenig überraschend *The Girl with the Golden Hair*, obwohl diese Zeile aus dem Song *Thank You For The Music* ja einer fiktiven Sängerin zugeschrieben ist. »I've been so lucky« heißt es im Songtext, goldene Haare werden hier zum goldenen Löffel, mit dem viele geboren werden, auch wenn es in ihrem Fall wohl eher der Goldhaar-Käfig ist, in den man sie gerne steckte.

Erkennbarkeit muss über die Haarfarbe laufen, so simpel sind wir Menschen nun mal gestrickt. So ist das auch bei den unzähligen Tribute-Bands, die ABBA mal recht, mal schlecht huldigen. Beim Casting heißt es da offensichtlich: Scheiß auf die Größe, die Figur, das Alter. Wir brauchen eine Blonde und eine Dunkle. Dieses Differenzierungsmerkmal ist offenbar wichtiger als Sopran und Mezzosopran. Bei den Männern ist das egal, dem Fake-Benny reicht meistens ein Bart, und Björn, na ja, kriegt man ohne großen Aufwand irgendwie immer hin.

Das Muster »eine hell, eine dunkel« scheint in der Pop- und Showbizindustrie nicht dem Zufallsgenerator zu unterliegen. Nach ABBA haben es *The Human League* und *Ace Of Base* (und wenn man so will auch *Modern Talking*) weitergeführt. Bei *RTL Samstag Nacht* waren es Esther Schweins und Tanja Schumann, in der *Höhle der Löwen* bildeten Judith Williams und Dagmar Wöhrl optisch ein Gegensatzpaar, während die Männer in all diesen Formaten stets aussehen konnten, wie sie wollten. Ob das alles ABBAs Erbe ist? Eine gewagte These, aber es wird klar, dass die Unterscheidbarkeit der Protagonistinnen stets sichergestellt werden musste, und wenn das schon nicht mit so überbewerteten Dingen wie Charakter oder Gesang geht, nehmen wir halt das Haarkleid.

Schon in der Kinderliteratur wurden und werden uns unterschiedlich pigmentierte Häupter als diverse Duos geboten: Gold- und Pechmarie. Dick und Dalli vom *Immenhof*. Bibi und Tina. *iCarly* und Sam. Heidi und Klara. Selbst die Ziegen bei *Heidi* wurden nur aufgrund ihres Fells unterschieden, nämlich in Bärli und Schwänli. Und bei der *Eiskönigin* wurde wenig überraschend entschieden: Prinzessin Elsa ist blond, die Rothaarige ist die Schwester, um nicht zu sagen »die andere«. Im Krimi würde man sagen: »Das sind mir ein bisschen zu viele Zufälle.«

Bei Girl-Bands wird der Sonderstatus der heiligen Helligkeit besonders deutlich. Hier heißt auffällig oft die Devise: Es kann nur eine geben!

Schon bei den legendären *Andrews Sisters* gab es eine Blondine, und die stand in der Mitte. So wie die Sängerin von *Pussycat* in den 70ern von ihren mit einer nicht näher definierbaren Farbnuance ausgestatteten Schwestern umrankt war, welche nur im Hintergrund trällern durften.

Auch bei sonst gegen Rollenklischees ansingenden

Bands wie den rotzigen *Runaways* findet sich dieses Colour-Blocking-Prinzip.

Und als Debbie Harry ungefähr zur gleichen Zeit in der New Yorker Punkszene auftauchte, hat sie ihre Band vielleicht nicht nur deshalb *Blondie* genannt und sich selbst Wasserstoffperoxid verpasst, weil Marilyn Monroe immer ihr Idol gewesen war, sondern um sich auch möglichst von Patti Smith abzugrenzen, die angeblich damals zu ihr gesagt hat, für sie beide sei kein Platz in der Szene. Und natürlich, weil *Brownie* ziemlich blöd geklungen hätte.

Auch im TV herrschte auffällig oft ein Kontrastprogramm: Warum etwa fällt einem bei *Drei Engel für Charlie* als Erste Farah Fawcett ein, während einem die Namen der deutlich dunkleren Kate Jackson oder Jaclyn Smith erst nach kurzem Nachdenken ins Gedächtnis fliegen? Warum musste bei *Klimbim*, wo immerhin zwei Frauen als gleich durchgeknallt inszeniert wurden, gerade das zahnlose und blondzöpfige Kleinkindimitat Ingrid Steeger immer blankziehen? Warum musste die kreuzbrave Krystle Carrington in allen Folgen von *Der Denver Clan* nichts tun, außer blond zu sein, während die düster-dunkle Alexis schamlos intrigant sein durfte?

Später führten die nach dem Setzkastenprinzip zusammengewürfelten *Spice Girls*, die *No Angels*, die *Sugababes* oder *Destiny's Child*, von denen die meist blonde Beyoncé ja dann auch als Vorzeigehüftwacklerin ausgekoppelt wurde, die Ein-Blond-Politik fort.

Solche Identifikationsmuster waren die visuelle Umsetzung des zu Recht in Vergessenheit geratenen Hits *One for you, one for me* von *La Bionda* (italienisch für »die Blonde«, wen wundert's?) und machen Personen zu Pralinen in der Schachtel. Wobei blond immer die leckerste zu sein scheint, von der pro Packung nur eine dabei ist, gerne mittig platziert und in Goldpapier gehüllt.

Mehrere Hellhäupter sind too hot to handle, wer es versucht, macht sich lächerlich, denn dabei kann nur so was Trashiges herauskommen wie die Jacob Sisters.

So wurde es auch als genialer PR-Coup von Madonna gewertet, dass sie sich ein Leibchen mit der Aufschrift *Kylie* übergeworfen und mit Britney geknutscht hat, bevor irgendjemand mit der Frage »wer ist besser?« um die Ecke kommen konnte.

Ähnliches gilt für das »Atemlos«-Duett von Helene Fischer und Katja Krasavice. Da muss jemand gedacht haben: Bevor die eine die andere vom Thron (beide machen ja irgendwas mit Singen) reißt, lasst die mal gemeinsame Sache machen, auch wenn das musikalisch so viel Sinn macht wie eine Kollaboration zwischen Matthias Reim und Scooter.

Und das alles nur wegen eines Keratingebildes, das uns eigentlich nur vor Witterungseinflüssen schützen soll.

Haare sind wichtig, diese Message wurde uns früh eingeflößt. Ich bin aufgewachsen mit *Drei Wetter Taft*, das uns versprach: Auch wenn du bei einem Orkan der Stärke 10 in Dubai aus einer Boeing aussteigst und eine hässliche Sonnenbrille aufsetzen musst, die Frisur hält.

Sie sind zumindest wichtig genug, dass die Kandidatinnen beim GNTM-Umstyling immer Nervenzusammenbrüche kriegen, als würde man ihnen ein Bein amputieren. Friseure werden verklagt, weil Kundinnen ihr Persönlichkeitsrecht missachtet sehen, wenn die Strähnchen nicht wie gewünscht einem Sonnenblumenfeld, sondern einer schon sehr lange angebrochenen Packung Halbfettmargarine ähneln. Haare sind so kulturell aufgeladen, dass das *Eurythmics*-Video von *Love Is A Stranger*, in dem Annie Lennox sich 1982 eine Langhaarperücke vom Kopf reißt, in den USA zeitweise verboten wurde, weil ihr Geschlecht somit nicht eindeutig zu bestimmen war – und das im Zeitalter des Hair-Metals, bei dem man etwa bei *Poison* oder *Hanoi Rocks* nicht wusste, ob man es mit Männern, Frauen oder Chihuahuas mit Shampoo-Allergie zu tun hatte.

»Hair is everything«, sagte auch unlängst Phoebe Bridges in der Serie *Fleabag* in einer Kult-Szene, in der sie ihren Stamm-Figaro anschreit, nachdem er angeblich ihre Schwester verunstaltet und damit lebensunfähig gemacht hat: »Haare sind alles. Wir wünschen uns, dass es nicht so wäre, sodass wir auch mal an was anderes denken können. Aber sie sind alles. Der Unterschied zwischen einem guten Tag und einem schlechten Tag. Angeblich sind sie ein Symbol der Macht oder der Fruchtbarkeit. Manche Menschen werden dafür ausgebeutet und Haare zahlen deine verdammten Rechnungen. HAARE SIND ALLES!«[15]

Ich selbst kann mich an einen *defining moment* in meiner Jugend erinnern, als Haare das Einzige waren, womit man Persönlichkeit (oder das, was man dafür hielt) ausdrücken konnte, da es noch keine Klingeltöne oder personalisierbare Duplos gab.

Ich war zwölf, dem ABBA-Alter langsam entwachsen, und guckte mit meinen Freundinnen »Rock Pop in Berlin«, eine mehrstündige Musikshow von der Internationalen Funkausstellung, bei der die »Wir sind gefährlich, wir haben krasse Frisuren!«-Elite des Jahres 1981 von *Ideal* bis *Siouxsie & The Banshees* versammelt war. Als die flammhaarige Toyah Willcox dran war, fragte meine Freundin Martina: »Würdest du dir die Haare auch orange färben?« Es war eine beiläufig gestellte Frage, wie man auch fragen würde: Was findest du besser, das blaue oder das rosa *My Melody*-Parfüm?

Aber ich weiß noch genau, wie ich kurz zusammenzuckte und dachte: Mo-ment mal. ICH habe es ja in der Hand! Ich allein bestimme, wie ich aussehe, wer ich sein will. Heureka! So ähnlich musste sich Howard Carter gefühlt haben, als er das Grab des Tutanchamun entdeckt hat.

Einen Tag später habe ich mir eine Packung *Polycolor* Hellblond gekauft und mir die Haare blondiert. Ich fühlte mich wie ein Dreikäsehoch bei der *Mini Playback Show*, der im Glitzer-Outfit durch die Zaubertür auf die Bühne stakste. Nur durch ein bisschen Chemie in der Schüttelflasche war ich von einem unsicheren, übergewichtigen mittelblonden Kind zu einem unsicheren, übergewichtigen, hellblonden Kind geworden. Und das für nur vier Mark fünfzig.

Mögen andere doch mit so banalen Erfahrungen wie

»erster Kuss« oder »erste Sauftour« daherkommen, für mich war dieser Glad Hair Day prägender als all der andere Coming-Of-Age-Shit. Ähnlich bahnbrechende Erfahrungen habe ich in meinem späteren Leben nur gehabt, als ich erfahren habe, dass Ananas nicht auf Bäumen wachsen und man beim Tanken nicht die ganze Zeit den Stutzen gedrückt halten muss, sondern diesen kleinen Haken nach hinten ziehen kann. Da war ich Mitte vierzig.

Ob es nun am Blond-vs-Brown-Topos, an ihren Persönlichkeiten, ihren Backgrounds oder der schon von Schlumpfhausen etablierten Eine-Frau-Regel lag, sei dahingestellt, aber klar ist: Seit ihrer Karriere wurde den beiden ABBA-Damen eine Feindschaft nachgesagt. Anlass zu Spekulationen gab es genug: Das Rücken-an-Rücken-Singen wurde quasi von ihnen erfunden, ein gegenseitiges Anschauen gab es bei Live-Auftritten kaum. Meistens war es Agnetha, die sich einen halben Fuß nach vorne oder eine Vierteldrehung zur Seite gemogelt hat. Ob das nun kleine schüchterne Platzverteidigungen oder boshafte Bitch-Moves waren, sei dahingestellt, aber was man nicht vergessen darf: Beide hatten vor ABBA beachtliche Solo-Karrieren in ihrer Heimat. Man stelle sich mal vor, man würde Dua Lipa und Billie Eilish vorschlagen: »Hey, ihr zwei Hübschen, ab heute singt ihr nur noch im Duo. Wir bündeln damit einfach eure Fähigkeiten, denn eure Stimmen passen einfach total gut zusammen. Ihr seid doch fein damit, oder?«

Selbst wenn sie sich nicht grün waren, ist das unbedingt

etwas Schlechtes? Wir haben doch auch nicht immer Bock, nach einem langen Arbeitstag noch mit unseren Arbeitskollegen einen trinken zu gehen, nachdem wir schon im Büro den ganzen Tag lang alles über diese erfahren haben, was wir nie wissen wollten. Warum sollte es bei einer musikalischen Zwangssymbiose, bei der man sich Tag und Nacht auf der Pelle hängt, anders sein? Diese penetrante Harmoniesucht, die Eltern ihre Kleinkinder *Obstgarten* spielen lässt, weil da niemand gewinnt, sondern alle gemeinsam gegen das Spiel spielen, ist fast genauso unangebracht wie die ständige Wettbewerbsunterstellung. Diese erscheint vor allem so nervig, weil sie, wie so oft, ausschließlich Damen-Dissing betreibt. Aber wieso wird Frauen schneller eine Feindschaft, meistens auch noch unschön als Stutenbissigkeit tituliert, unterstellt als Männern? Es gibt Videos, wo sich die zwei kurz vor einem TV-Auftritt anpflaumen. Agnetha will ihre Schrittfolge noch mal üben, Frida hält das nicht für notwendig. Alles in allem aber eher harmlos und meilenweit entfernt von einer Schlammschlacht, die sich die Boulevardpresse sicher gewünscht hätte.

Offenbar lassen sich maulende Myrten besser vermarkten als keifende Kerle. Weil Mädchen sich ja schon im Kindergarten immer schon vertragen sollen – wenn nicht, heißen sie »Zicken«, während Jungs eher liebevoll als »Rabauke« belächelt werden. Kein Wunder, gelten streitbare Frauen in der Politik schnell als hysterisch, während lautes Herumbrüllen bei Männern mit Kompetenz verwechselt wird. So ist die royale Randale im Hause Windsor stets als Kate versus Meghan ausgelegt worden, obwohl die Brüder sich sicher auch ordentlich auf die Mütze gegeben haben.

Sex sells und Misogynie makes money. Nur weil man nicht best friends ist, muss man aber noch lange nicht verfeindet sein. Bela und Farin haben angeblich fünf Jahre lang nicht miteinander gesprochen, bevor *Die Ärzte* sich wiedervereint haben. Wurde ihnen jemals Eifersucht und Empfindlichkeit unterstellt? *Oasis* haben ihre Karriere aus zwei guten Songs und der Tatsache, dass sie sich gerne gegenseitig die Kauleisten einhauen, aufgebaut. Und dass mit Axl Rose und Slash gerade die beiden Aushängeschilder von *Guns'n'Roses* öffentlich ihren Zausel-Zoff untereinander ausgetragen haben, gehört halt beim Rock'n'Roll zum guten Ton. Und hey, der eine blond, der andere düster, da muss man doch dem anderen eine reinhauen wollen, oooder?

Dass die ABBA-Frauen immer als Feindinnen dargestellt wurden, liegt vielleicht auch einfach daran, dass die Männer immer schön als Best Buddies vorgezeigt wurden, die im Morgengrauen in Holzhütten zusammen Kaffee trinken und fröhlich draufhin Welthits schreiben. Gegen so viel zünftige Männerfreundschaft wirkt jede andere normale Beziehung gleich dysfunktional.

Auch wenn die Diversität der Körperformen es bis in Waschpulver-Werbespots geschafft hat, Frauen werden bis heute krampfhaft verglichen, ob bei *Shopping Queen* oder in dieser unsäglichen Frauenpostillen-Rubrik: »Wem steht's besser?« Kann eine Frau nicht einfach mal irgendwas tragen, ohne dass ihr Umfeld eine Wertungstafel hochhält?

Diese Unsitte zeigte sich neulich auch bei einer Comedy-Veranstaltung, die ich mit ein paar Freunden besuchte. Das Line-up bestand aus sieben Männern und zwei Frauen (also für unsere Verhältnisse schon eine Hammer-Frauenquote!). Nach der Show hörte ich rausgehende Zuschauer murmeln: »Wen fandest du besser, Comedienne X oder Y?« Automatisch wurden die beiden Frauen verglichen, die überhaupt nix gemeinsam hatten, außer dass sie Frauen waren.

Die Zeitschrift *Musik-Express* hat gerade das Ranking »Die 100 wichtigsten Frauen im Pop« veröffentlicht. Bezeichnenderweise sucht man eine Liste mit den 100 wichtigsten Männern vergebens. Wie Kinder früher bei Familienfeiern an den Katzentisch gesetzt wurden, kriegen Frauen ihre eigene Liste, egal, ob sie nun Jazz, Rap oder Zwölftonmusik machen. Dabei ist eine gemischte Liste nach Stil (»Die 100 besten Hardrocksänger/-innen«) viel gerechter, genau wie geschlechtsneutrale Kategorien bei den Oscar-Verleihungen.

Das wird aber wohl nicht passieren, solange Frausein ein Genre ist. Ein sogenannter Branchenkenner (das sind die Leute, die immer vor einem Regal mit Fachbuchattrappen eine Lesebrille schwenken) sagte mal im Interview, was Komik ausmache: »Man muss einen bestimmten Typus bedienen: Der Kleine. Der Dicke. Der Holländer. Die Frau.« Kurz, die 49,7 Prozent Frauen auf der Welt sind offenbar nichts als eine Laune der Natur.

Als ich um die Jahrtausendwende für Comedy-Shows geschrieben habe, waren die Panelshows damals per Gesetz mit sechs Männern und einer Frau besetzt. Ein Redakteur eines bekannten TV-Formats schrieb mal an uns Gag-Lieferanten: »Diese Woche haben wir ein Experiment. Wir nehmen gleich zwei Frauen in die Sendung!« Zu fünf Männern, wohlgemerkt. Das Experiment, so teilte man uns in der nächsten Woche mit, hätte nicht funktioniert, »die Quote hat nicht gestimmt«. Vielleicht lag das auch an der jahrelang mit der Brechstange durchgezogenen Quote von 6:1, nach der Frauen eher als Beisitzerinnen von »echten Comedians« besetzt wurden.

Ob bei *Genial daneben* oder *Bares für Rares*, fast immer sind die Männer in Herden und die Frauen als Einzelschicksal vertreten, obwohl weder bei Komikern noch bei Antiquaren ausgewiesener Frauenmangel belegt ist. Und als die Tochter meiner Freundin ihre Glaserausbildung anfing, brauchte es nur ein paar Tage, bis ein WDR-Kamerateam vor der Tür stand und fragte: »Na, wie fühlt man sich denn so in einem Männerberuf?« Wenn es immer was Besonderes bleibt, wird es nie die Regel.

In Comedy-Mix-Shows bekommen lustige Frauen auch in unserer angeblich so fortschrittlichen Zeit bei der Bewerbung oft zu hören: »Danke, wir haben schon eine Frau.«

Wie mies muss es erst für Agnetha und Frida vor einem halben Jahrhundert gewesen sein, als die Zwei-Frau-Besetzung eine offene Einladung zur Präferenzabgabe war?

Bis heute diskutiert man in ABBA-Foren noch, wer

denn nun die Bessere ist. Auch wenn man sich nach fünfzig Jahren jetzt mal so langsam auf »Sie hatten beide ihre Stärken« geeinigt hat, wird bei Frida-Fans oft eine Connaisseur-Haltung eingenommen, die fast so nervig ist wie der »Blond ist besser«-Topos: Da wird mit Phrasen wie »sie hatte mehr Klasse« oder auch mal »sie war rassiger« hantiert. Das ist genau die Art schnöseliger Demonstration von erlesenem Geschmack, mit der Menschen mit sehr großen Brillen und grotesk hohen Rollkragen sagen »ich höre aber nur Alternative Jazz« und Wein in »würzig« und »kantig« einteilen. Und »rassig«, sorry, das geht höchstens auf der Pferderennbahn.

Die eher pragmatische Frida hat's offenbar nie gestört, denn die vermeintlich zweite Geige in der erfolgreichsten Band der Welt zu spielen, ist immer noch besser als mittelprächtig erfolgreiche Solistin zu sein.

Agnetha dagegen hat die jahrelange Arbeit als Aushängeschild ordentlich zugesetzt: »Die ständige Fokussierung auf ihre Schönheit, ihre Körperlichkeit, ihre Sexyness, all das hat Agnetha verletzt«, so die britische Rundfunksprecherin und Moderatorin Bidisha, »es hat ihr Selbstvertrauen als Künstlerin zerstört.«[16]

Als ob das nicht reichte, wurde ihr nach dem Ende von ABBA oft die Schuld an der Misere zugewiesen. Sie galt als die Wehleidige, die aus so profanen Gründen wie Sehnsucht nach der Familie oder Flugangst doch keine Karriere aufs Spiel setzen konnte. Nach jahrelangem In-die-Mitte-Rücken war sie natürlich jetzt auch eine ideale Schuldtragende mit viel mehr Fallhöhe als Frida.

Und als Agnetha sich dann endlich die wohlverdiente Auszeit nahm, kam wie von Zauberhand auch wieder das Blondsein ins Spiel: Eine Doku, die ihren Rückzug ins Private und ihr Anbandeln mit einem niederländischen Fan, der leider zum Stalker mutierte, nachzeichnet, heißt nicht umsonst »Behind The Blonde«.[17] Und die Haarfarbe ist hier offenbar wieder einmal Grund genug, um sie als »sexiest woman in pop« zu bezeichnen.

Immerhin, die Blond-Besessenheit hat sich in all den Jahren langsam etwas beruhigt. Allerdings zeichnen die Frauen selbst dafür verantwortlich: Dolly Parton betonte, Blondinenwitze könnten ihr nichts anhaben. »Ich weiß ja selbst, dass ich nicht dumm bin. Und nicht blond.«

In der Serie *2 Broke Girls* wurden die eingefahrenen Vorstellungen (das naive blonde Rich-Kid und die abgeklärte Dunkle aus der Gosse) derart überzeichnet, dass man darüber lachen darf. Und *Barbie*- Regisseurin Greta Gerwig konnte im Jahr 2023 gar nicht mehr anders, als mit dem Film Klischees gleichzeitig zu bedienen und zu brechen.

Wir halten fest: Punkte-Skalen sind doof, Vergleichen (wenn man denn nicht in Bewertungsterror abdriftet) gehört zum Leben. Mit dem Ausdruck einer Präferenz wollen wir unsere differenzierungsfähige Persönlichkeit ausdrücken: Von daher ist ein klarer Standpunkt zur Frage »Berge oder Meer?«, »Tee oder Kaffee?« oder »Agnetha oder Frida?« wohl einfach nur ein Spiegel unserer Angst vor Beliebigkeit. Wir möchten nicht als Langweiler gelten, wenn wir sagen »Och, ich mag eigentlich beide«, weil wir nicht so ein Typ sein wollen, der nach seinem Geschmack gefragt »Och, ich höre so alles querbeet« antwortet, was ja meistens heißt »ich habe ein Dutzend CDs der *BRAVO*-Hits im Schrank, das reicht mir.«

Verglichen wurde immer schon: In der Steinzeit konnte die Fähigkeit, Beeren am Strauch in genießbar und ungenießbar einzuordnen, Leben retten. Ein klarer Standpunkt zur Frage »Kiss oder AC/DC?« war auf vielen Schulhöfen der 70er die beste Ausrede für eine Runde Keile.

Und obwohl ich glaube, den ganzen farbnuancenfixierten Interpretationswahn zu durchschauen, muss ich doch zugeben: Als ich Ende der 90er erstmals eine erblondete Frida gesehen habe, musste ich leise schmunzeln. Nein, sie hat bestimmt nicht gedacht »ich will aber Agnetha sein!«. Und ihre Coloration hat sicher mehr gekostet als vier Mark fünfzig. Aber es hatte ein bisschen was von »jetzt kann ich endlich machen, was ich will«. Und das wurde auch Zeit!

ABBA selbst haben offenbar mit dem ganzen Konkurrenz-Ding ihren Frieden gemacht. Und auch dem Thema Haare können sie inzwischen mit Altersmilde begegnen: »Für *Voyage* konnten wir uns aussuchen, in welches Jahr wir zurückreisen wollten«, erläuterte Benny in einem Interview die Vorüberlegungen zur Arena-Show.[18] »Wir entschieden uns für ein Jahr, in dem unser Haar noch top war!«

Traumatische Erkenntnisse der Kindheit

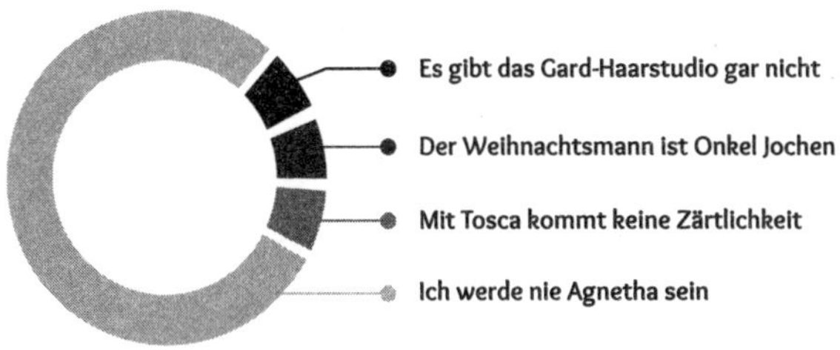

Das Popstar-Paradox: Coolsein für Fortgeschrittene

ABBA sind gerade überall. Zum fünfzigjährigen *Waterloo*-Jubiläum meint jeder Feuilletonist oder Bäckerblumen-Zeilenschinder, eine Hommage verfassen zu müssen. Der Tenor ist immer der gleiche: ABBA zu hören war früher alles andere als cool, aber da sie in den letzten Jahrzehnten nach ihrer Nicht-Trennung nicht mit Nipplegates, Insolvenzen oder multiplen Adoptionen Schlagzeilen machten, sondern einfach nur ihre Musik weiterlebte wie ein Dino in *Jurassic Park*, ist die einhellige Meinung: Okay, da ziehen wir jetzt mal alle den Hut.

Harald Stutte etwa schreibt im *rnd Netzwerk*, dass es in seiner Jugend schlicht nicht cool war, ABBA zu mögen: »Das war das ungeschriebene 70er/80er-Jahre-Gesetz.« Inzwischen, so resümiert er, seien sie nicht nur »Kulturgut«, sondern auch »musikalisches Menschheitserbe«.[19]

Und ausgerechnet der britische Autor und Moderator Paul Gambaccini, dessen Landsleute ABBA sehr lange nicht ernstgenommen haben, holte zum Jubiläum zur ultimativen Heiligsprechung aus: »ABBA waren nicht *in* den Charts. ABBA *waren* die Charts!«[20]

Ich wurde nicht gefragt, einen Text zu schreiben. Zum

Glück! Denn ich hätte nicht in die »früher peinlich, jetzt premium!«-Rudellobhudelei mit eingestimmt. Für mich waren ABBA nie uncool. Als ich sie bis zu meinem elften oder zwölften Lebensjahr ständig hörte, gab es halt nix anderes an niederschwelligen Popangeboten, das mehr als einen Hit hatte. Denn nur wegen *Fly Robin Fly* ein Poster von *Silver Convention* aufzuhängen, fand ich doch ein wenig zu viel der Ehrerbietung. Und das *Electric Light Orchestra* fand ich einfach zu hässlich.

Als die ABBA-Phase dann vorbei war und von Wave und Punkrock abgelöst wurde, hätte ich meine gesammelten ABBA-Alben eigentlich verschämt in die Ecke stellen müssen. So wie meine Tochter, die neulich sämtliche Kuscheltiere und Mark-Forster-CDs in einen Karton mit der Aufschrift »Keller« gepackt hat, was mich sehr melancholisch werden ließ (allerdings allein wegen der Kuscheltiere).

Sofort schossen mir Erinnerungen an meine eigene »Zwischen-den-Welten«-Zeit in den Kopf. Die Pubertät ist ja eine ziemlich anstrengende Zeit, in der einem alle um einen herum sagen, dass man jetzt irgendwo zwischen Kind und Erwachsenem steckt. In Wahrheit steckt man aber rund fünf Jahre lang zwischen cool und uncool mit deutlichem Überhang zu Letzterem und merkt erst ein paar Dekaden später, wie viel Kräfte man damit verschwendet hat.

Ich habe den Großteil meiner Jugend damit verbracht, cool sein zu wollen. Musik wurde danach ausgesucht, dass sie möglichst niemand sonst in meiner Klasse, meiner

Schule und der ganzen Stadt hörte, und Bandnamen wie *Xmal Deutschland* oder *Sex Gang Children* waren sehr hilfreich, weil allein das Ritzen dieser Namen auf Schulbänke meine Sitznachbarn auf Abstand hielt, die pastellfarbene Karottenhosen trugen, auf ihren Walkmännern *I Like Chopin* hörten und somit allesamt der Feind waren. Ich verbrauchte kübelweise Haarspray und Lidstrich, um bewusst auszusehen wie ein Monchichi nach einem Kochwaschgang, und die Freundinnen, mit denen ich vor ein paar Monaten noch vor dem Alibert-Spiegelschrank *I Do I Do I Do I Do I Do* in die Fusselrolle gesungen hatte, durften auf einmal nicht mehr zu mir rüberkommen. Wenn die gewusst hätten, dass ich unter den drei schwarzen Wollmänteln Sarah-Kay-Unterziehleibchen trug und immer *Der kleine Wassermann* zum Einschlafen hörte. Nach außen war ich Morticia Addams, nach innen immer noch Agnetha.

ABBA habe ich in dieser Zeit nie aus meinem Zimmer verwiesen. Wenn ein Song im Radio kam, habe ich mitgesungen, obwohl in den Texten nichts von Schwarzen Messen und Serienmördern vorkam. ABBA zu verleugnen war irgendwie unnatürlich, so als würde man die ganze Zeit seinen linken Arm unterm Pulli verstecken, obwohl gar nichts Komisches dran ist.

Wahrscheinlich bin ich deswegen nie zum Cool-Cat-Status vorgedrungen. In meinem Zimmer stand *Voulez-Vous* neben *½ Mensch* von den *Einstürzenden Neubauten* (was im Nachhinein betrachtet gar nicht so unsinnig war, da textlich beide gleich erschreckend waren).

Und wer genau hinguckte, fand auch eine aus dem Radio aufgenommene Kassette, auf der draufstand »Nick Cave & The Bat Seats«. Der Moderator hatte offenbar eine sehr schlechte Aussprache. Dass es nicht Bat Seats, also »Fledermausstühle«, sondern Bad Seeds wie »böse Saat« hieß, erfuhr ich erst aus der *Spex*, die ich immer demonstrativ auf den Tisch legte, wenn mich wichtige Personen meiner Peer Group, mit denen ich mich auf Konzerten und in dunklen Grufti-Höhlen zusammengerottet hatte, besuchten, obwohl ich von dem, was sonst so darin stand, kein Wort verstand.

Im Erwachsenenalter sollte man eigentlich gemerkt haben, dass verkrampft gewollte Coolness schnell nach hinten losgeht. Mit Bionade-Shirt und selbst gestempelter Tote Bag sieht man halt schnell aus wie Bernd Stromberg, der mit neuen hippen Klamotten, an denen noch Preisschilder baumeln, ins Büro kommt.

Derzeit kriege ich schon seit Wochen ein Video der *Telekom* in meine Timeline gespült, in dem ein junges Mädel mit Wollmütze, von der irgendein Stylingfritze glaubt, »das trägt die Jugend jetzt so« (ähm, ja, schon seit zwanzig Jahren), so was sagt wie: »Hey, Leute, auch in DEINER Stadt gibt es jetzt Glasfaser, ist das nicht unfassbar?« Da war ich direkt geneigt, drauf anzuspringen: »Sssh, Glasfaser, beste! Da hol ich mir direkt paar slaye Europaletten von, Digga, auf mein Nacken!«

Cool, was ist das überhaupt und wer legt das fest?

Als cool galten lange Zeit Models, die mit einer »leck mich am Arsch!«-Attitude mit einem Kleid aus Abwasserschläuchen und einem Toaster auf dem Kopf über den Laufsteg staksten.

»It's cool man«, sagte dieser Alm-Öhi aus der Milka-Werbung. Und wurde es dann auch für kurze Zeit. Aber die Sache ist tricky. Cool sein kannste nicht lernen. So waren die Wacken-Macher sehr skeptisch, ob sie wirklich diesen komischen Mambo Kurt auftreten lassen wollten, den sein Fanclub in diversen Bittbriefen unbedingt auf dem kultigen Metal-Matsch-Festival sehen wollte. 2004 stellten sie den Heimorgel-Nerd dann auf eine Mini-Bühne neben den Dixie-Klos. Statt 200 kam 2500 Metalheads, kletterten die Masten hoch und eskalierten. Seither heißt die Devise für Mambo Kurt: »Ich muss hier spielen, bis ich sterbe.«[21]

Es kann aber auch fürchterlich danebengehen, wie Heinos Cover-Album *Mit freundlichen Grüßen* mit Songs von *Rammstein* oder Peter Fox schmerzlich bewiesen hat: zu durchschaubar war das Verlangen, mit dem Untertitel »das verbotene Album« nach hundert Jahren Mehrzweckhallen-Liedgut auf die alten Tage doch noch edgy werden zu wollen.

Ist »cool« überhaupt inzwischen noch mehr als das Wort, das man sagt, wenn jemand einem was Langweiliges erzählt und man einfach rasch das Thema wechseln will?

Und wenn es nichts anderes heißt als »anders als der Rest«, dann wäre ja derjenige am coolsten, der keine Tattoos, Piercings und wagenradgroße Flesh Tunnels im Ohr hat und weder einen Dutch Oven besitzt noch einen You-

Tube-Kanal rund ums Fermentieren hat. Oder auch der, der glaubt, die Band von Nick Cave heißt Bat Seats. ABBA haben ja auch ohne mit der Wimper zu zucken in *Honey, Honey* den animalischen Liebhaber mit »you're a doggone beast« besungen oder in *Lay All Your Love On Me* als Metapher für die leichte Beute das mich als Tierfreundin immer sehr mitleidig stimmende »it was like shooting a sitting duck« gewählt. Insofern waren sie cool as fuck.

Das Fatale an der Sache ist, dass es meistens sehr lange braucht, bis sich das wahre Vermächtnis eines Künstlers rumspricht. So hat der Regisseur Edgar Wright mit seinem Biopic *The Sparks Brothers* der Welt erklärt, warum die Band *Sparks* eine der bahnbrechendsten und am meisten unterschätzten Bands der Musikgeschichte ist. Vorher hatte es irgendwie fünfzig Jahre keiner gemerkt.

Schade, dass man immer Fremdurteile braucht, um eine eigene Meinung zu generieren. Aber wer ist in einer Zeit, in der wir auf die Frage »Wie geht's dir?« erst mal die Herzfrequenz auf unserem Fitnessarmband checken müssen, schon in gutem Kontakt mit sich? Und viele Menschen haben bekanntlich erst erkannt, dass Chips mit zwei Liter Fett pro hundert Gramm ungesund sind, seitdem auf der Packung ein »E« steht.

Die Zeit, in der ABBA nicht so richtig angesagt waren, weil keine Experten vor dem Bluescreen der Menschheit mitgeteilt haben, dass sie gut sind, war allerdings verhältnismäßig kurz. Mal abgesehen von der Tatsache, dass Jungs in den 70ern ABBA offiziell blöd finden mussten und jetzt in ihren nicht enden wollenden Artikelregen abfeiern, hat man schon nach ein paar Jahren der ABBA-Abstinenz gemerkt: Sie fehlen. Wohl auch, weil danach nur noch überlebensgroße Mega-Idole wie Madonna, Michael Jackson oder Prince das Label »Superstars« bekamen und ein so sympathisches Familienunternehmen nicht ersetzen konnten. Schon 1988 wurde die australische Coverband *Björn Again* gegründet, 1992 kamen *Erasure* mit ihrem Cover-Album *ABBA-esque* um die Ecke – beide Projekte waren Verarsche und Verehrung zugleich: Das Album und die trashigen Videos von *Erasure* brachten die lang vermisste Kniebundhosen-und-Stiefel-Optik in die trostlose »die Welt ist scheiße, wir sind scheiße und alle werden sterben und darum lohnt sich Haarewaschen nicht mehr«-Attitude des Grunge. Die Mitglieder der Coverband ließen mit ihren Pseudonymen Agneta Falstart, Frida Longstockin, Björn Volvo-us und Benny Anderwear keinen Zweifel daran, dass es bei ABBA sowohl um Liebe als auch um Lachen geht. Polygram schoss sofort das Album *ABBA Gold* hinterher, und alle haben auf einmal behauptet, schon immer ABBA-Fans gewesen zu sein. Die Filme *Muriels Hochzeit* und *Priscilla, Königin der Wüste* (1994) festigten den Kult.

Obwohl das Revival eigentlich ziemlich schnell da war, hat es lange niemand gewagt, sich öffentlich zu ABBA zu bekennen. Erst nachdem Jahrzehnte niemand in der Lage gewesen war, ihren Look & Feel zu kopieren oder irgendwas auch nur vage Ähnliches an Musik zu komponieren und *MAMMA MIA! Das Musical* getreu dem alten *VW Käfer*- Motto »läuft und läuft und läuft« nicht zu stoppen war, kamen sie alle aus ihren Löchern und trauten sich, es rauszuhauen: Ätsch, ABBA sind doch nicht doof!

Damit sich auch der letzte Lokalredakteur in zahlreichen Essays und Pop-Glossen nun nach fünfzig Jahren zu ABBA bekennen konnte, brauchte es aber erst noch eine Absolution von Menschen, deren Coolness unbestritten war: Nachdem Pete Townsend von *The Who* ja *S.O.S.* schon lange zum besten Popsong aller Zeiten erklärt und *U2* live *Dancing Queen* gesungen hatten, bekannten sich später auch Stefan Olsdal von *Placebo* und Dave Grohl von den *Foo Fighters* offen zu ABBA. Selbst Lemmy Kilmister von *Motörhead* bezeichnete ihre Songs als »die größten Pop-Melodien außerhalb von Lennon und McCartney«,[22] wobei es sehr verwundert, dass jemand, der klingt wie ein Betriebsunfall bei Thyssen Krupp, überhaupt das Wort »Pop-Melodie« im Vokabular hatte. Die *Sex Pistols* hatten angeblich im Tourbus eine ABBA-Kassette, die rauf und runter lief. Ritchie Blackmore, seines Zeichens Gitarrengott von *Deep Purple*, erklärte jüngst der Zeitschrift *Metal Hammer*: »Sie sind so melodisch, und es funktioniert einfach. Sie sind vermutlich meine liebste Band aller Zeiten. Ich weiß, dass es in bestimmten Kreisen uncool ist, das zu sagen. Aber sie sind wunderbar.«[23]

Selbst der vom Wiesenhof-Griller zum Veganer mutierte Atze Schröder gab just im Podcast *Hotel Matze* zu: »Bei *Dancing Queen* singe ich immer mit!«[24]

Warum sind es eigentlich lauter alte laute Männer, die sich zu ABBA bekennen? Wollen sie im fortschreitenden Alter noch Niedlichkeitspunkte gewinnen? Es ist offensichtlich einfach so ein »Hardrock-Haudegen wollen ihre weiche Seite zeigen«-Ding. Warum soll man mit Hundewelpen posieren oder mit der Gitarre kranke Kinder im Hospital besuchen, wenn man der Journaille einfach ins Mikro husten kann, dass man unter der Dusche immer *Mamma Mia* singt? Die Headlines sind die gleichen. Nur langsam bekommt es irgendwie die gleiche bräsige Komik wie der Auftritt eines Männerballetts beim sechzigsten Geburtstag von Karl-Heinz Karrenkötter.

Und mit Sprüchen wie »Männer haben früher Whiskey getrunken und Marlboro geraucht, jetzt grillen sie Zucchini und hören ABBA!« können sicher noch Facebook-Gruppen, die »Armes Deutschland!« oder »Unsere Jugend in den 70ern« heißen, drei bis vier Likes erzielen.

Sich in späten Jahren zu ABBA zu bekennen, ist offenbar eine Art spannende Läuterung; sie schon immer gemocht zu haben und ihnen damit von Anfang an die Wertschätzung zugeteilt zu haben, die sie verdienen, dagegen eher langweilig. So wie der »Ich war drogen-, alk- und klebstoffsüchtig!« bekennende Promi mehr Press-Coverage bekommt als ein vorausschauend darauf verzichtendes Weichei, das einfach keinen Bock hat, mit 27 auf dem Bahnhofsklo gefunden zu werden. Kurz, man muss sich erst mal für seine eigenen Verfehlungen entschuldigen, um ernstgenommen zu werden.

Wenn man die Gesetzmäßigkeiten von Lieben-hassen-vergessen-wieder-cool-finden betrachtet, folgt alles einem großen Plan: Alles kommt wieder, so regelmäßig wie die Gezeiten und die Ehen von Lothar Matthäus. Die meisten

Bands, Klamotten, sogar technischen Geräte sind einem Wechselspiel aus Verehrung und Verhöhnung ausgesetzt, das beständig zwischen hot or not pendelt.

Das Telefon mit Wählscheibe etwa, das Teenies jetzt stolz wie Oskar vom Flohmarkt mitbringen und es krass finden, bis sie merken, dass es keine Wahlwiederholung und, noch schlimmer, keine Rufnummernanzeige hat. Auch die Band *Echt*, über die man lange den Mantel des Schweigens gehüllt hatte, sind dank ihrer selbst gedrehten Doku auf einmal wieder angesagt. Man hat sie die ganze Zeit eigentlich nie vermisst, aber allein die Tatsache, dass sie inzwischen 25 Jahre älter geworden sind und ihre Leben reflektieren statt nackt durch die Fußgängerzone zu laufen, löst einen Liebhabe-Reflex in uns aus. Und ich erlebe nun schon das vierte Revival der Schlaghose.

Es ist halt eine Frage des Timings: Manchmal reichen zehn Jahre, um die Verwandlung von awkward bis awesome durchzumachen, manchmal werden es dreißig. Und nach vierzig Jahren ist nun auch das passiert, was ich in meinen schlimmsten Träumen nicht für möglich gehalten hätte: Die Magnum-Rotzbremse ist zurück.

Bei ABBA war das anders. Sie waren bis auf ein paar Jahre Mitte bis Ende der 80er eigentlich nie out. Die derzeitigen Jubelschreie zum fünfzigsten *Waterloo*-Tag sind eigentlich nur eine Zusammenfassung der letzten Dekaden. Was daran liegt, dass ABBA anders cool waren. Nämlich indem sie gar nicht erst versucht haben, cool zu sein.

Ihre anfangs kühnen Klamotten haben sie nach eigener

Aussage (und für jeden ersichtlich) von Sweet und T. Rex abgeguckt. Drogen, Partys und wilde Affären waren auf ihrer Schäreninsel, auf der offenbar nur zwei Ruderboote gleichzeitig anlegen konnten, eher schlecht zu organisieren.

Wo KISS in *Love Gun* sangen »No place for hiding baby, no place to run, you pulled the trigger on my love gun« und AC/DC sich in *Big Balls* gar nicht erst mit Metaphern abgaben, säuselten ABBA mit »Wish I was dum dum diddle your darling fiddle!« nur den frommen Wunsch nach einer Geigen-Metamorphose. Sie ließen sich für *ABBA: The Movie* sogar in ihrem Hotelzimmer filmen – nicht, um zu zeigen, wie sie dieses zerstören, sondern wie sie darin Presseberichte über ihre Konzerte lesen und fragen, was bitte »kinky« heißt. Sie bissen weder Fledermäusen den Kopf ab, noch bestellten sie ihre Abendkleider beim Metzger. Mehr Anti-Coolness geht nicht, und das ohne viel Kalkül.

Und das genau ist das Popstar-Paradox: Wer sich nicht darum kümmert, ob er cool ist oder nicht, hat fast die höchste Stufe der Coolness erreicht. Und wer diesen Zustand als Lifestyle zelebriert, ist für alle Zeiten auf der Gewinnerseite.

Das Beste daran: Es ist auch für uns Normalos ein idealer Instrumentenkoffer, um durch den Rest des Lebens zu kommen. Also, lasst uns unsere Uncoolness umarmen! Sagen wir auf belebten Plätzen laut und deutlich »coolio!« oder »Potzblitz!«. Essen wir mittags Möhrenstampf mit zwei Kellen *Maggi* drüber! Fahren wir mit Reiserücktrittspolice und Sicherheitsdokumententasche unter der Unterwäsche in den Pauschalurlaub nach Bad Salzuflen! Lassen wir noch nach 20 Uhr im *Hyundai i30* mit heruntergelassenen Autofenstern auf dem Weg zum Kegelabend *Super Trouper* erklingen! Das ist doch die wahre Rebellion!

Wir sollten es tun, bevor es zu spät ist. Denn irgendwann in nicht allzu ferner Zukunft wird irgendein alternder Schreiberling oder abgeranzter Rockstar erklären, dass Ed Sheeran ja eigentlich ziemlich cool ist. Und dann ist alles zu spät.

Die fünf Stufen der Coolness

- ♫ **Versuchen, cool zu sein** (Sonnenbrille und Lederjacke tragen, nur *Ramones* und *Velvet Underground* hören)
- ♫ **Erkennen, dass man es nicht schafft, cool zu sein** (Sonnenbrille hat noch Preisschild dran, *Ramones*-Shirt ist von C&A, man besitzt Gäste-Pantoffeln)
- ♫ **So tun, als würde Coolness einem am Arsch vorbeigehen** (bei Klamotten nur auf Nachhaltigkeit und bei Schuhen auf herausnehmbares Wechselfußbett achten, Gluten essen)
- ♫ **Akzeptieren, dass man nicht cool ist** (auf Jazz-Matineen gehen, Auto mit Sitzheizung kaufen, »tschüssikowski« sagen)

- ♫ **Uncool sein und es als eigene Entscheidung verkaufen** (Haare grau sein lassen, im Zebra-Onesie zum Bäcker gehen, beim Abschied »Hasta Mañana« singen)

Wann ABBA die größte Pop-Band aller Zeiten sind?

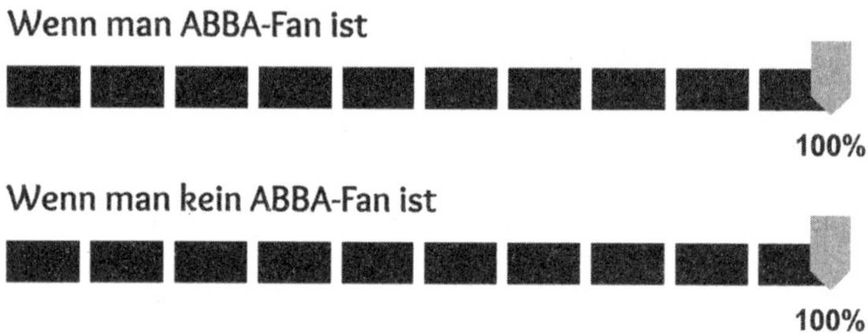

Unterschätzte Schätze II

I Wonder: Die Markenballade mit der Goldkante

Jeder Mensch möchte einmal sein Bild neben einem genialen Zitat von sich sehen, das am besten noch von Millionen Menschen gelikt und geherzt wird.

Frida vielleicht nicht, denn das Einzige, was sie in letzter Zeit auf Social Media gepostet hat, ist, dass sie nicht auf Social Media ist und alle Accounts, die ihren Namen tragen, Fake sind.

Wenn man einen Spruch für alle Gelegenheiten sucht, den man Mami per *WhatsApp* schicken oder der Besti auf die Glückwunschkarte kritzeln kann, dann wäre das Fridas Konterfei mit der Line: »Wer zur Hölle bin ich, wenn ich's nicht versuchen würde?«.

Zugegeben, der Text stammt nicht von ihr, aber sie singt diese Zeile in *I Wonder* einfach so anmutig, dass man ihr ruhig die Credits dafür geben sollte.

Mit seinen zarten glöckchenhaften Klavierklängen, die zu Anfang wie die Titelmelodie von *Pinocchio* daherkommen, klingt das Lied zunächst mal wie die Begleitmusik für eine Weihnachtsschokoladenwerbung, bei der gezeigt wird, wie die weißbemützten Maîtres Chocolatiers gaaanz langsam mit dem Holzlöffel ihre Ganache rühren. Und auch Fridas zuckersüßes Intro »This park and these houseeees« macht schnell klar: Jetzt wird's rührselig. Wir haben hier eine grundsolide Ballade mit Geigen, Harfen und Oboe, wie man sie beim ESC des Öfteren von in gruselige Glitzerkleider gesteckten mittelalten Operndiven (meist für Frankreich) gehört hat, die zunächst einen auf zart und zaghaft gemacht haben, um dann im Refrain, ta-daaa, leidenschaftlich und hemmungslos den Kopf zu schütteln, um zu demonstrieren: Ich fühle gerade jedes Wort!

Die Protagonistin fragt sich, ob sie ihre vertraute, aber auch langweilige Heimat verlassen und nach Größerem streben soll. Die Aussicht auf Familie, Heim und Kind und ein geordnetes, aber ereignisarmes Leben scheint nicht wirklich überzeugend, sodass alsbald die einzig mögliche Erkenntnis folgt: Ich bin weg, oh, oh, au revoir! Und so wird aus dem Gefühl von Angst und Zweifel (»It scares me«) aus dem Nichts ein effektheischendes »But who the hell am I if don't even try?«. Ja, es ist vorhersehbar, so macht man das im Musical, eben noch zu Tode betrübt und auf einmal von unsichtbaren Mächten gepackt und Selbstbewusstsein herausschleudernd wie die in Champagner badenden High Performer auf der Jahresabschlussfeier bei *Vorwerk*.

Und ja, sprachlich ist das Stück auf Englisch A1-Niveau und dichterisch eher mau – da wird »nice« auf »wise« gereimt und die wehmütigen Gedanken kreisen um »buses I've missed« und »boys I have kissed«. Das beschriebene Spießerdasein spiegelt sich musikalisch in einer vergleichsweise einfachen Melodie wider.

Trotzdem hat dieser sanft dahinplätschernde Song mit seinen vorhersehbaren Gefühlsausbrüchen etwas Charmantes, fast Unschuldiges und ist viel mehr als das Resultat von »Wir brauchen halt noch was Ruhiges«.

Zunächst mal ist der Song quasi der Startschuss für Frida als Fachfrau für fulminante Balladen. Bis dato musste immer Agnetha, von der man später sagen sollte, sie konnte mit ihrer Stimme weinen, ran, wenn es um Schmachtfetzen ging. Sie hatte zum Beispiel *I've Been Waiting For You* oder *Disillusion* gesäuselt und war rücksichtslos in den Refrain reingegrätscht, als ihre Kollegin *Gonna Sing You My Lovesong* intonierte.

Wenn man vom eindrucksvollen *One Man One Woman* absieht, was für mein persönliches Empfinden aber zu schmissig ist, um als Candlelight-Begleitungsmucke durchzugehen, erleben wir hier zum ersten Mal, wie Frida uns im Alleingang mit ihrem Timbre langsam und behutsam warmen Karamelltee in die gute Porzellantasse gießt. Wie gut das funktioniert, hat man wohl erst mal nicht erkannt, denn danach war erst mal Balladen-Stopp. Okay, auf dem Folgealbum *Voulez-Vous* durfte sie das biedere *I Have A Dream* anstimmen, aber dann hat man sich wieder auf die eigentlichen Qualitäten von Wonder Woman erinnert: Auf *Super Trouper* ließ man sie mit *Andante Andante* eine Hommage an die sanfte Berührung säuseln, bei der musikalische Metaphern à la »Spiele mich wie ein Musikinstrument«, die Agnetha mit *Dum Dum Diddle* schon mal etwas holprig vorgelegt hatte, sogar fast ihre Peinlichkeit verlieren. Mit dem theatralischen *I Let The Music Speak* hat man ihr auf *The Visitors* quasi ein eigenes *Thank You For The Music* auf den Leib geschneidert, eine Ode an die Strahlkraft der Musik, die lyrisch fast schon wie ein Shakespeare-Sonett daherkommt, bevor sie mit *Like an Angel (Passing Through My Room)* den letzten Song des Albums, das fast vierzig Jahre als das letzte galt, beisteuern durfte: eine reduzierte Ballade zum Ticken einer Uhr, die quasi auf gespenstische Weise das leise Verschwinden von ABBA einläutet.

I Wonder ist nicht nur die Wiege all dieser Songs, sondern einfach eine grundanständige Ballade, bei der man nix zu meckern hat und die trotzdem nie so richtig gewürdigt wurde. Im Film *Mamma Mia II* hat man am Ende die Szene, in der Lily James als junge Donna ihren Freundinnen ebendiesen Song vorsingt, am Ende rausgestrichen. Auf dem hitgespickten *The Album* ging das Lied immer ein wenig unter, eine Live-Version aus Australien wurde lediglich auf der B-Seite der Single von *The Name Of The Game* versteckt. Vielleicht liegt es daran, dass es Teil einer Trilogie ist, für die sich die Macher immer ein wenig geschämt haben und die die Kritiker auch nicht besonders mochten: Das Mini-Musical *The Girl With The Golden Hair*, das gleichzeitig *The Album* beschließt und jeweils zum Showfinale bei der Welttour 1977 von beiden Sängerinnen mit blonden Perücken aufgeführt wurde. *I Wonder* ist das Verbindungsstück zwischen dem wunderschönen, aber leider in sämtlichen Casting-Shows und Grundschulmusicals überstrapazierten *Thank You For The Music*, in dem das Goldkind sich artig bei den Urhebern aller Musikstücke dieser Welt bedankt, und dem hektisch-nervösen (und leider auch unterschätzten) *I'm A Marionette*. Kann sein, dass man gedacht hat »Hey, wir brauchen für die Storyline noch den Moment der Entscheidungsfindung, haben wir da nicht noch was in der Schublade?« Wie dem auch sei, *I Wonder* ist mehr als musikalisches Füllmaterial, sondern eine Ballade, wie sie im Bilderbuch steht. Sie eruiert gemächlich plätschernd, aber doch zu Herzen gehend eine einfache Fragestellung, die in der Popwelt stets gern diskutiert wird: Soll ich's wirklich machen oder lass ich's lieber sein? Should I stay or should I go? Bauch ja, Kopf nein. Und das ist hier mehr als nur ein austauschbarer Liedtext, denn auch Frida stand mal vor derselben Entscheidung wie das Golden Girl: Seit ihrem dreizehnten Lebensjahr sang sie in diversen Bands. In einer lernt sie den Teppichhändler und Hobbymusiker Ragnar Fredriksson kennen, heiratet ihn, bekommt zwei Kinder und lässt sich mit der Familie im kleinen Städtchen Eskilstuna nieder. »Oberflächlich betrachtet führen sie ein idyllisches Leben im wohlhabenden Schweden, aber Frida hat Mühe, ihr Leben als Hausfrau und Mutter mit ihren Ambitionen als Sängerin in Einklang zu bringen«, schreibt ABBA-Experte Carl Magnus Palm.[25] 1967 gewinnt sie einen Gesangswettbewerb, kurz darauf geht die Ehe in die Brüche und Frida beschließt ähnlich der *I Wonder*-Heldin, ihre Familie in der Kleinstadt zurückzulassen, um in Stockholm ihren Traum vom großen Ruhm zu verwirklichen.[26] Auch wenn der Text damals noch nicht geschrieben war, hat sie sich sicher selbst im Spiegel ein aufmunterndes »One chance in a lifetime, yes I will take it!« zugerufen. Das Leben schreibt eben nicht nur die besten Geschichten, sondern auch die authentischsten Songs.

Das Mini-Musical war für ABBA die Chance, die sicher selbst erlebten Ups and Downs des Showbiz Revue passieren zu lassen. Anders als drei Jahre später bei *Super Trouper* mussten sie dazu aber noch fiktive Personen singen lassen, denn eine Kritik am eigenen Stardom hätte sie vor allem in ihrer Bescheidenheit predigenden Heimat Schweden sicher äußerst undankbar aussehen lassen. So haben sie mit den drei Songs eine Art »Frage für einen Freund«-Move vollzogen. Und noch eine Parallele zum besungenen »Versuch macht kluch«-Credo ist nicht zu übersehen: Benny und Björn haben mit diesem theatralischen Songpaket erste Schritte in Richtung Musical gewagt.

Fanden sie es gut? Nein. Björn fand die Story zu simpel, und Benny befand später, dass es keine gute Idee gewesen war, Prä-Teenager, die einfach ABBA sehen wollten, mit einer düsteren Parabel auf das Leben als Bühnenstar zu konfrontieren.[27] Haben sie's noch mal gemacht? Ja, und nicht nur einmal: 1984 *Chess* mit Tim Rice, 1995 *Kristina från Duvemåla* und natürlich 1999 *Mamma Mia*, auch wenn es natürlich »the musical we never knew we had written« ist. 2013 versuchten sie sich mit *Hjälp Sökes* sogar an einer Musical-Komödie. Vier erfolgreiche

Produktionen, die allesamt Spätfolgen des zaghaften Versuchs *The Girl With The Golden Hair* sind.

Mehr noch, das Credo von *I Wonder* »Wer nicht wagt, der nicht gewinnt« hat sich bewahrheitet. »Yes I will take it, it can't go wrong!« heißt die zuversichtliche finale Zeile. Song-Chronist Robert Scott findet die Geste ein bisschen überartikuliert: »Der große Seufzer am Schluss ›Es kann nicht schiefgehen‹ mit aufgestemmten Armen und zurückgeworfenem Kopf entbehrt nicht einer gewissen Komik.«[28] Okay, der Habitus erinnert ein wenig an diese leicht übermotivierten Sprüche-Postkarten mit der Aufschrift »Hinfallen, aufstehen, Krone richten, weitermachen«.

Aber was ist schon einzuwenden gegen eine gesunde Portion Vertrauen in die eigenen Fähigkeiten? Der Song wurde geschrieben, lange bevor Frauen berufliche Selbstbestimmung vergönnt war und Nachrichtensprecher mit »Bleiben Sie zuversichtlich!« abmoderiert haben. Auch als Affirmation getarnte egoistische Selbstbeweihräucherung, wie sie »Auch du kannst reich werden!«-Coaches ausüben, die ihren Kunden vormachen, dass man sich für die erste Million nur jeden Morgen vor den Spiegel stellen und »Ich bin es wert, viel Geld zu haben« aussprechen muss, war noch nicht en vogue.

Das Erstaunliche: Woher die Singende ihr Gottvertrauen eigentlich nimmt, ist im Lieferumfang des Liedes nicht enthalten. Zumindest werden keine nachvollziehbaren Gründe angegeben, warum man so vertrauensvoll in die Zukunft blickt, etwa »Ich bin finanziell unabhängig genug, um einen eventuellen Rückschlag abzufedern« oder »Dank meiner Resilienz kann ich mit möglichen Enttäuschungen gut umgehen und habe meine Selbstwirksamkeit bereits positiv verankert« (was zugegebenermaßen auch schlecht in ein passendes Reimschema zu biegen gewesen wäre). Spoiler: Im Mini-Musical geht es nicht gut aus, denn mit dem letzten Song *I'm A Marionette* wird klar, dass das Mädel mit dem goldenen Haar im gleichfarbigen Käfig des unerbittlichen Showgeschäfts feststeckt. Aber das soll uns nicht stören, denn wir betrachten ja diesen unterschätzten Schatz in seiner Einzigartigkeit. Und der bietet uns eine simple, aber ebenso sinnvolle Lebensweisheit: »Augen zu und durch!« oder auch »Wird schon schiefgehen.«

Und das ist ja oft auch die einzige Entscheidungshilfe, die man hat, egal, ob als hoffnungsvolles Gesangssternchen in einer namenlosen Kleinstadt oder als Klempner aus Gummersbach, der den Schritt in die Selbstständigkeit wagen will. Und damit bekommen wir auf dem Silbertablett noch ein bisschen Lebenshilfe dazu serviert. Hör auf zu denken: Kann das gutgehen? Ist die Reiserücktrittsversicherung im Preis mit drin? Habe ich alle Seiten der Betriebsanleitung gelesen? Ist die Kaffeemaschine aus? Ist DAS wirklich der Mann fürs Leben? Ist da Weizenmehl drin?

Manche Menschen haben diese Gedanken schon beim morgendlichen Gang vom Bett ins Bad. Aber mal ehrlich, wenn wir immer erst eine vollständige Risikoabwägung durchführen würden, bevor wir zur Tat schreiten, wäre das Leben doch ziemlich langweilig. Die Draufgänger sind es, die bei *Wer wird Millionär?* zu Publikumslieblingen werden. Und bei *Goodbye Deutschland* will doch sicher niemand eine Familie sehen, die 50 000 Euro auf der hohen Kante hat, sich vorher Grundkenntnisse der Landessprache draufgeschafft und auch schon mal gegoogelt hat, ob im Südsudan wirklich Bedarf an einem Unverpackt-Laden besteht?

Mir sind Entscheidungen nie schwergefallen. Manchmal muss man einfach pragmatisch durchgreifen. Als ich nicht wusste, ob ich in Münster oder Essen studieren sollte, bin ich morgens einfach zum Bahnhof und habe geschaut, in welche von beiden Städten mich zuerst ein Zug bringen würde. Das war Münster. Und so bin ich jahrelang täglich drei Stunden Zug gefahren und war in der quirligen Studi-Stadt mehrmals in Fahrradunfälle verwickelt. Bereut habe ich's trotzdem keinmal, denn auch wenn ich die Stadt nie so richtig ins Herz schließen konnte, muss man ja mal raus aus der Heimat, um zu merken, wie schön sie ist.

Und beim Einkaufen gehe ich immer erst aus dem Geschäft raus, wenn mir was gefallen hat. Wenn ich dann drei Stunden (besser noch: drei Tage) immer noch an das Teil denke, zurück und kaufen. Wenn nicht: abhaken.

Wahrscheinlich habe ich als Kind zu oft *Pippi auf der Walze* geguckt, wo die Ausreißerbande frohen Mutes Entscheidungen trifft wie »Wir werfen einfach eine Münze!« oder »Wir gehen weiter, auch ohne Weg und Steg!«.

Insgeheim beneide ich Menschen, die sich ausufernde

Gedanken über ihre Karriere, ihre Wohnungseinrichtung oder ihre Garderobe machen und dabei jeden Schritt strategisch planen. Da frage ich mich oft: Wie machen die das nur? Woher weiß man, mit wem man Golf spielen muss, um Senior Executive Project Manager zu werden, wie man in der Kunstgalerie tolle Bilder kauft, wenn man einen Miró nicht von einem Matisse unterscheiden kann oder mühelos ein Classy Vintage Casual Business Lunch Outfit stylt, wenn man schon froh ist, ein einzelnes Kleidungsstück richtig herum angezogen zu haben? Aber meistens gehen mir solche Langzeit-Grübler auch richtig auf die Nerven.

Neulich etwa habe ich in einem Bekleidungsgeschäft eine adrett gekleidete ältere Dame gesehen, die eine irritierend irisierende Schmetterlingsbrosche in der Tasche hatte und die Verkäuferin alle möglichen Outfits anschleppen ließ, die eventuell dazu passen könnten. Erst zu einem schlichten marineblauen Anzug, dann zu einem mit Zitronen bedruckten Sommerkleid und am Ende zu einem luftigen weißen Overall. Den Rest habe ich nicht mehr mitbekommen, aber als ich sie eine Stunde später in der Blazerabteilung wiedertraf, spielte sie dort das gleiche Spiel und stach mit dem Glitzerklumpen hemmungslos Löcher an Reverskragen von nicht gekaufter Ware.

Sorgfältige Entscheidungsprozesse in allen Ehren, aber trotzdem darf man ja wohl mal fragen: Wie viel Lebenszeit kann man verschwenden, nur um (vergeblich) zu hoffen, dass irgendwann mal jemand sagen wird: »Also, die Gundel hat ja so einen exquisiten Geschmack, ich werde nie vergessen, wie sie damals diese Modenschau für die Frau ab fünfzig in der Familienbildungsstätte moderiert hat! Wie stilsicher sie einfach dieses Satin-Cape mit diesem zeitlosen Statement-Piece zusammengetackert hat!«

Und hasst nicht jeder diese eine Person im Restaurant, die, wenn alle schon zwanzig Minuten die Speisekarte zugeklappt haben, noch mit Optionen jonglieren muss, bis die Küche schließt? Da möchte man doch laut schreien: »Nimm die 16! Egal, was es ist, nimm einfach die 16, du nimmst doch seit Jahren am Ende immer die 16!« Oder besser gleich: »Wer zur Hölle bist du, wenn du es nicht probierst?«

Inhaltlich wie musikalisch ist *I Wonder* eine 1-a-Ballade, behutsam instrumentiert und messagemäßig durchaus brauchbar. Sie ist quasi das Etuikleid unter den Abendroben: Ohne Schnörkel, ohne Rüschen, von zeitloser Eleganz – und trotzdem hat man jahrelang den Umhang des Schweigens darum gewickelt.

Just in diesem Moment ploppt mir auf dem Rechner ein Bild der gerade verstorbenen Modeikone Iris Apfel in die Timeline. Darauf der Text: »Du musst es versuchen. Du hast nur einen Trip, das darfst du nie vergessen.« Da sieht man's mal wieder! Das stimmt natürlich völlig, aber wir wollen auch nicht vergessen: Frida hat das schon vor fast fünfzig Jahren festgestellt.

In unserer heutigen Wackel-Welt ist *I Wonder* ein kleines, viereinhalbminütiges Stückchen Lebensmut in C-Dur. Vielleicht sogar eine verkannte Empowerment-Hymne;

ein »*I Will Survive* Light«, das keine Gefahr läuft, von Madonna auf Abschiedstournee oder Prosecco schlürfenden und gemeinsam grölenden Mädelsgruppen (»Der Achim ist so ein Arschloch!«) missbraucht zu werden. Stimmlich pures Frida-Gold, und textlich eine zeitlose Entscheidungshilfe, die uns beständig zuzurufen scheint: Geh hinaus in die Welt! Hol dir, was dir zusteht! Mach dein Ding! Geh raus, hör auf dein Herz … und schmeiß vor allem diese potthässliche Brosche weg.

Nerdfutter

Fun Fact:
Zum Mini-Musical gehört eigentlich auch der Song *Get On The Carousel*. Der wurde zwar live gesungen, von Benny und Björn aber fürs Album nicht mehr als gut genug befunden. Fragmente davon befinden sich in dem langsamen Break vom *Hole In Your Soul* (»A-ha, you paint your world and use all colours …«).

Hidden Meaning:
Gleich in der ersten Zeile verschluckt Frida ein halbes Wort und singt »Old Streets I ha walked« (statt »have«). Hier hätte man sofort abbrechen und neu aufnehmen können. Hat man aber nicht, und so hat der Song eine weitere nützliche Message: »Scheißegal, ich lass das jetzt so!«

Wann sollte man den Song hören?

Immer dann, wenn man gerade keinen guten Freund zur Hand hat, der einen je nach Region mit Weisheiten bestärkt wie: »Et hat noch immer jot jegangen«, »Nich lang schnacken, Kopp in Nacken!« … oder wie man im Ruhrgebiet sagt: »Marret.«

Mystery und Migräne: The Sound Of ABBA

Egal, ob man Dokus über ABBA schaut oder Bücher über die Band liest, irgendwann kommt immer die Stelle, wo es um den unverkennbaren Sound der vier geht. Das ist für mich dann immer der Punkt, wo ich innerlich rufe: Laaangweilig!

Meistens geht es dann um den Sound Engineer Michael B. Tretow, jenen Stephen Hawking des Mischpults, der mit seinen einzigartigen Aufnahmetechniken einen Klangkosmos erschuf, der bis heute vergeblich zu kopieren ver-

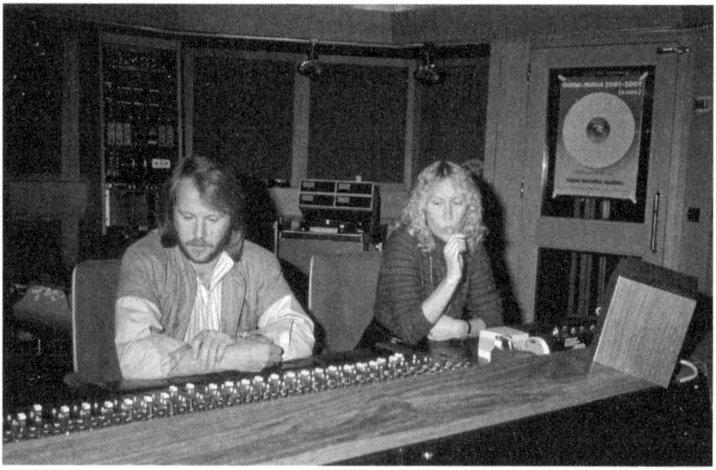

Gemischte Gefühle

sucht wird. Die Rede ist dann von Harmonizern, Sequencern, Overdubs und anderen Zaubermitteln, von denen ich keine Ahnung habe. Von millimetergenau im Studio platzierten Mikrofonen, von mehrfach in verschiedenen Geschwindigkeiten aufgenommenen Stimm- und Instrumentalparts, die von Phil Spectors berühmter Wall of Sound inspiriert waren, diese aber auf ein Level hoben, das quasi unkopierbar war.

Mag alles sein, aber wen interessiert's? Mich schon mal nicht.

Das hat zum einen damit zu tun, dass mein technisches Verständnis gerade mal ausreicht, um einen Staubsaugerbeutel zu wechseln. Ich möchte nicht wissen, wie ein Automotor funktioniert, auch wenn ich jetzt damit das Klischee des weiblichen Technik-Deppen bediene. Es interessiert mich einfach nicht. Wenn der Motor kaputt ist, fahre ich in die Werkstatt, da sind Menschen, die wissen, warum er kaputt ist, und wenn nicht, wenigstens ein Fünkchen Interesse daran haben, es herauszufinden und mir darüber hinaus noch sieben andere angeblich gefundene Defekte in Rechnung zu stellen.

Für Leute wie mich wurde der aktuelle *Always Discreet*-Werbespot erfunden, in dem zwei trutschige Yoga-Tanten mittleren Alters die Vorzüge der Inkontinenzeinlage preisen: »Wo isses hin?«, fragt die eine. »Ist doch egal!«, antwortet die andere. So muss das. Für Männer oder einfach nur Menschen mit mehr Forschergeist hätte es in dem Spot geheißen: »Diese ultrasaugfähige Absorptionsformel mit Dreifach-Dry-Surface und seitlichen Power-

Klebestrips hält fünfeinhalbmal trockener als herkömmliche Produkte, was in einer unabhängigen Testreihe des Maximilian-Hans-Ludwig-Irgendwas-Instituts bestätigt wurde, in der 17 459 Probandinnen mit Blasenschwäche sich siebzehn Mal pro Minute den letzten Versprecher von Susanne Daubner angucken mussten und dabei insgesamt 80,49 Liter Flüssigkeit verloren.«

Da haben die Werbetreibenden klar erkannt: Zu viel Wissen ist nie gut, das gilt auf der Yoga-Matte wie im Leinwand-Western.

Ein weiterer Grund für meine eingeschränkte Neugier ist, dass ich mir gerne naive Wunschvorstellungen bewahre. Was rätselhaft klingt, soll auch rätselhaft bleiben. Sicherlich gibt es in Skandinavien irgendeine Gottheit, die 1970, zu Anfang des neuen Jahrzehnts, pünktlich zur Sonnenwende vier Menschen dazu auserkoren hat, einen derartig lieblichen Wohlklang zu erzeugen, dass nordische Baumgeister zum Weinen und mitteleuropäische Hausfrauen an der Supermarktkasse zum Mitwippen gebracht werden.

Ich gucke mir aus Prinzip auch keine Making-ofs an. Es macht mir nämlich den Film kaputt, wenn ich sehe, wie der blondbezopfte Hauptdarsteller, der eben noch mit spitzen Ohren über eine Vulkanlandschaft geritten ist und feindliche Gnorps erstochen hat, mit schütterem Haar und einer Flasche *Cola light* auf einem Regiestuhl hockt und sagt: »Als Peter mich angerufen hat, ob ich auch in Teil 3 von *Die vergessenen Elfen von Tröllersjö* dabei sein will, da habe ich gesagt, Peter, das Drehbuch klingt fantastisch, lass uns das Ding zusammen machen!«, während sein Gesicht verrät: »Nach meinem Drogenskandal muss ich halt nehmen, was kommt!«

Und als ich neulich ein Bild davon gesehen habe, wie ein Dutzend Puppenspieler der *Muppet Show* die Figuren, die in dem Intro in tausend Torbögen »Jetzt tanzen alle Puppen« singen, von hinten mit einer Art Hochsprungstab aufspießen, ist in mir wirklich was kaputtgegangen.

Lasst mir doch einen Funken Illusion! Ich bin mir sicher, es war nicht die erst aufs 0,5-Fache gedrosselte und dann auf 3,7-Fache erhöhte Aufnahmegeschwindigkeit, die den Signature Sound ausgemacht hat. Es war die Magie des Moments, als vier füreinander bestimmte Seelen im schwedischen Sommerhaus auf den Schären zueinanderfanden und unvergessliches Liedgut über britische Missionare, französische Kaiser und mexikanische Revoluzzer ersannen und dachten: Yep, das hier wird unsere Miete zahlen.

Der YouTuber Marti Fischer hat mal versucht, einen Song im Stil von ABBA zu schreiben.[29] Er hat genau beschrieben, welches die einzelnen Zutaten sind, und dann am Ende einen Song gebastelt, der wirklich klang wie ABBA, wenn auch eher eine B-Seite. Das fühlte sich ein bisschen an wie diese Show vor ein paar Jahren auf *SAT 1*, in der ein maskierter Magier die geheimsten Zaubertricks erklärt und damit den Zorn Tausender Teilzeit-Copperfields auf sich gezogen hat.

Fischers Kollege Andrew Freed, der auf YouTube Bass-Tutorials gibt, behauptet in einem Video, der Bass von

Rutger Gunnarson und Mark Watson sei »ABBAs Geheimwaffe« und stellt die isolierten Bass Lines vor.[30] Das ist ja ganz nett, hat aber auch ein bisschen was von Hochverrat. Es kommt ja auch in keinem Restaurant auf einmal der Koch aus der Küche gerannt, schüttelt seine Gewürzdose und ruft: »Beifuß! Ich sage Ihnen, Beifuß ist das GANZE Geheimnis!«

Und für mich klingt der isolierte Bass bei *Super Trouper* einfach wie die Melodie zu »Die Sinalco schmeckt!«, was ich jetzt leider nie wieder anders hören kann. Kann man sich nicht einfach auf die Aussage einigen »ABBAs Musik ist wie ein Barfußpfad für die Ohren« und alle technischen Details einfach in einer gut verschlossenen Kiste aufbewahren?

Warum muss man immer alles überanalysieren? Kann man nicht als das Geheimnis einer langen Ehe einfach angeben: »Na ja, wir hatten halt nie einen Grund, uns zu trennen«?

Nicht falsch verstehen. Ich finde es toll, dass es Leute gibt, die sich für so was interessieren und unlösbar scheinende Rätsel und bestgehütete Geheimnisse in ihre elementarsten Mikroteilchen aufspalten können. Sonst gäbe es keine Autos, elektrische Zitruspressen und Smartphones, mit denen man von Dubai aus seine Schlafzimmerrollos in Delmenhorst steuern kann. Und ich wünsche mir oft, ich könnte mir mehr als drei zusammenhängende Dinge merken und nicht schon beim Spieleabend einschlafen, wenn es heißt »Der Ablagestapel wird in die Mitte gelegt«. Aber irgendwann sollte man Frieden schließen mit dem, was man wohl nie lernen wird – und auch nicht will.

Einfach mal stolz sein auf das, was man kann und weiß, auch wenn es vornehmlich Dinge sind, die einen im Leben nicht weiterbringen.

Ich wusste zum Beispiel neulich in einem Pub-Quiz als Einzige, wie der Experte bei *Der große Preis* hieß (Dr. Eberhard Gläser – hätten Sie das noch gewusst?). Das ist eine Information, die mich im Leben noch nie weitergebracht hat, aber was kann ich denn dafür, welche Dinge mein Hirn speichert und welche es für alle Zeit entsorgt?

Immerhin, ein paar Life-Hacks habe ich drauf. Ich weiß, wie ich ein paar Strumpfhosen umtausche, auch wenn die Packung schon auf und die Quittung schon acht Wochen alt ist (mit Geduld. Viel Geduld. Und vorgeheuchelter Verzweiflung). Ich kann auf fünf verschiedenen Sprachen »Ich habe meinen Zimmerschlüssel verloren« sagen und Eier im Keksteig nach Gefühl durch Apfelmus ersetzen.

Ob das für ein erfülltes Leben reicht? Keine Ahnung. »Ich weiß, dass ich nichts weiß«, hat Platon mal gesagt (und dass es Platon war, habe ich natürlich gerade gegoogelt). Bei mir ist es eher: »Ich weiß, dass ich nichts wissen will!« Warum auch? Thomas Mann brach das Gymnasium ab, nachdem er bereits zwei Mal sitzengeblieben war. Mariah Carey konnte eine Weltkarriere machen, ohne zu wissen, dass man Strom bezahlen muss, wie sie mal in einem Interview verlauten ließ (»Bei uns in Amerika ist der kostenlos!«).[31] Björn und Benny konnten angeblich noch nicht mal Noten lesen. Ob das stimmt, sei dahingestellt, denn ein gewisses musikalisches Knowhow braucht man als Premium-Welthithersteller ja schon. Aber sie haben das Gerücht ja nie dementiert, denn Nicht-Wissen macht ja irgendwie sympathisch.

Und mal ehrlich, wir alle könnten doch ein bisschen mehr Mystery in unserer aufgeklärten Welt gebrauchen. Das fühlt sich noch irgendwie nicer an als ständig diese Fakten! Jahrelang haben mir die Ärzte zum Beispiel immer gesagt, ich müsse meine Migräne einfach hinnehmen, da vieles eben auch psychisch bedingt ist und ich ja schon sehr viel mitgemacht habe in meinem Leben. Die Erklärung war sehr unzufriedenstellend (wer läuft schon gerne an vier von sieben Tagen mit einer unsichtbaren Axt im Hinterkopf rum und futtert Triptane wie Smarties?) – aber auch irgendwie schmeichelnd. Ich fühlte mich dann als sensibles, komplexes Pflänzchen mit einem geheimnisvollen Innenleben, irgendwo zwischen Romy Schneider und Prinzessin Diana. Deswegen kaufen wir ja auch immer Gesichtscreme für sensible Haut, weil das Label »normale Haut« ja fast schon eine Beleidigung für unser nach Einzigartigkeit strebendes Ego darstellt. Als ich Jahre später erfahren habe, dass ein ganz schnöder medizinischer Grund dahintersteckt, das OSAS-Syndrom, war das einerseits sehr befreiend. Aber leider auch null mystisch.

Die *Sendung mit der Maus* würde das so erklären: »Wenn man beim Schlafen zu wenig atmet, gelangt zu wenig Sauerstoff ins Gehirn, und das macht die Blutgefäße gaaanz weit, sodass der Körper mit Kopfschmerz, Schwindel und Übelkeit reagiert. Die Folgen sind hoher Blutdruck und enorme Tagesmüdigkeit.«

Meinetwegen. Aber das mit dem sensiblen Charakter fand ich irgendwie besser.

Es ist nicht so, dass ich gänzlich uninteressiert an dem bin, was die Welt im Innersten zusammenhält. Meistens schwirren in meinem Kopf aber zu viele andere Fragen rum. Zum Beispiel, wieso die Damenkonfektionsgröße 42/44, die der Durchschnitt der deutschen Frauen trägt, als Plus Size gilt. Müsste da nicht Größe 36/38 eher Minus Size heißen?

Weshalb hat man in Deutschland mehr Angst vor Hafermilch als vor Nazis? Warum nennt sich Michael Tretow, der mit zweitem Vornamen Bo heißt, B., was beim Schreiben null Ersparnis bringt? Und was war denn nun eigentlich mit Livingstone? Okay, er hat die Victoriafälle entdeckt. Aber ich bin mir sicher, wenn ich ganz hinten in unserer Garage nachgucke, finde ich auch noch ein paar Teile des Bernsteinzimmers.

Eins weiß ich jedenfalls jetzt schon: Wenn bei der nächsten Musik-Doku, die ich mir angucke, der Punkt kommt, wo irgendein Technik-Nerd mit Basecap und Fliegerbrille am Mischpult sitzt und zu einem »Se Sikrit of se ABBA Sound was sat sey …« ansetzt, dann halte ich mir einfach die Ohren zu und singe wie ein gescholtenes Kleinkind: »Na-na-na-na-naaa-naaa!«

Denn mit dem ABBA-Sound ist es wie mit der *Always Discreet*: Wie's genau funktioniert, ist schnuppe. Wichtig ist, was unten rauskommt.

Bandenkrieg in Bullerbü: Der Scandic-Tick der Deutschen

Was fällt Ihnen zu Schweden ein? Wenn Sie ein echter Schweden-Fan sind, irritiert Sie diese Frage. Denn der freundliche Mann aus der Möbelwerbung mit dem sympathischen Akzent jenes Landes, das als ein stets auf Gleichheit bedachter Wohlfahrtsstaat gilt, würde ja niemals sagen »Wohnen Sie noch oder leben Sie schon?«, also müsste es eigentlich heißen: Was fällt DIR zu Schweden ein?

Da fällt uns Deutschen natürlich sofort ein: ABBA. Pippi Langstrumpf. Michel. Karlsson. Bullerbü. Ein Königshaus mit stets in Parks herumtollenden Königskindern in Sommerkleidchen. Blaue Seen, grüne Wiesen, Elche, ausgelassene Midsommar-Feiern. Jeder Schwede hat eine eigene Insel mit einem roten Holzhaus drauf und dort vor allem eins: seine Ruhe. Jeden Sonntag kommt der Nachbar rüber, und dann gibt's frische Zimtschnecken, die dort, das weiß der Scandic-Fan, natürlich Kanelbullar heißen.

Wären da nicht die ständigen Zeitungsmeldungen, die dem Bild von Schweden als Sehnsuchtsort derzeit deutliche Kratzer verpassen. Denn die Banden, die dort herrschen, bestehen nicht mehr aus Lasse, Bosse und Ole: Es sind vor allem rivalisierende Drogen-Gangs, die für Gewaltexzesse sorgen, und das mit immer jünger werdenden Beteiligten. In keinem anderen EU-Land kommen derzeit so viele Menschen durch Schusswaffengebrauch ums Leben wie in Schweden.

Im Jahr 2022 forderten dort die Auseinandersetzungen krimineller Banden einen traurigen Rekord von 62 Todesopfern.[32] Allein im September 2023 starben elf Menschen bei Schießereien, darunter ein Dreizehnjähriger.[33] Viele Täter sind ebenfalls fast noch Kinder. So hat ein Land, das einst eines der sichersten der Welt war, heute die zweithöchste Todesrate durch Schusswaffen in Europa. Es gilt die zweithöchste Terrorwarnstufe, die Wehrpflicht wurde wieder eingeführt, und schon Kinder lernen in Erste-Hilfe-Workshops, wie man Schusswunden versorgt.

Trotzdem ist Schweden für viele immer noch das skandinavische Sehnsuchtsland schlechthin. Wir haben diese imageprägenden Bilder verinnerlicht und lassen uns diese nicht durch ein paar dahergelaufene Fakten nehmen.

Das gilt auch für andere Länder: Obwohl Großbritannien nach dem Brexit deutlich aus dem letzten Loch ächzt, imaginieren wir zuallererst knuffige Königskinder und proppere Popmusik, wenn wir an die Insel denken. Italien ist trotz Mafia und Meloni immer noch das Land, wo die Zitronen blühen.

Und Schweden, so scheint es, wird allezeit das Land bleiben, in dem singende Menschen mit Blumenkränzen auf dem blonden Haupt über Sommerwiesen laufen und jedem Fremden ein freundliches »Hej!« zurufen. Skandinavien, so Carlotta Cornelius in der *Süddeutschen Zeitung*, sei geradezu ein Musterbeispiel in Sachen kollektiver Staatenidealisierung.[34] Da kann offenbar auch der Rechtspopulismus in Dänemark und Norwegen und der Bandenkrieg in Schweden nichts dran ändern. »Länderimages ändern sich sehr langsam«, zitiert die Autorin Simon Anholt, der den *Nation Brands Index* gegründet hat und damit die internationale Reputation von Staaten misst. Diese sei in Skandinavien (ähnlich wie in Deutschland und der Schweiz) so gut, weil man sich ordentlich verhält und viel für die internationale Gemeinschaft tut. Und dieses Image klebt an Schweden wie Konrads Spezialkleber.

Es ist zudem eine heimelige Kindheitserinnerung an Tommi und Annika, Madita aus Birkenlund und Lotta aus der Krachmacherstraße, die einst Happy Couples Benny und Frida, Agnetha und Björn und eine Welt, die noch in Ordnung war (und wenn nicht, von Michel in Ordnung gebracht wurde), die wir uns nicht nehmen lassen wollen. Und an viele Möbel, die ähnliche Namen getragen haben. Das jetzt zu revidieren, hieße ja, unsere glückliche Kindheit und unsere unweigerlich daraus folgende untadelige Erwachsenenpersönlichkeit in Frage stellen zu wollen.

Dabei sind die Schweden nicht, wie wir oft meinen, ein Brudervolk von blonden Deutschen, nur weil Hans Clarin und Margot Trooger bei Pippi Langstrumpf mitgespielt haben. Wenn das Tourismusportal *visitsweden.de* mit dem

Slogan »Schweden – von Natur aus anders« wirbt, dann hat es damit Recht. Denn wir mit unserem Schweden-Tick vergessen oft, dass die Schweden anders ticken.

Auch wenn jüngere Generationen sich langsam davon abkehren, ist das sogenannte »Gesetz von Jante« dort immer noch die allgegenwärtige Lebensphilosophie: Ein Verhaltenskodex sozialer Spielregeln, der auf einen Roman von Aksel Sandemose zurückgeht.[35] In dem Anfang des 20. Jahrhunderts erschienenen Werk werden absolute Bescheidenheit und die Selbstzügelung der eigenen Persönlichkeit zum Vorbild erklärt, negative Gefühle wie Neid seien demnach tunlichst zu vermeiden. Man solle stets nicht zu viel und nicht zu wenig haben, um zufrieden zu sein. Das Mittelmaß, lagom genannt, ist das angestrebte Daseinsziel; Gemeinschaft geht vor Individualisierung. Das bestätigt auch Björn, als er in seinem Tour-Interview auf der DVD *ABBA in Concert* erklärt: »Wenn ich sage, wir treffen uns um vier, und die anderen sagen ›Drei ist besser‹, dann treffen wir uns um drei. Das ist unsere Art. Unsere schwedische Art!«

Unter der Überschrift »Die schwedische Glücksformel Lagom« erklärt die *AOK* den Mittelmaß-Modus gar zum neuen Wellness-Trend.[36]

Nachdem ja schon jede Hausfrau aus Herne Hormon-Yoga turnt, der Hygge-Hype schon wieder abgeflaut und die gleichnamige Zeitschrift eingestellt ist, muss mal ein neues Behutsamkeits-Buzzword her. Das Wort geht angeblich auf die Wikinger zurück, die ihrer Mannschaft (»lag«) den Krug in der Runde herum (»om«) reichten, sodass ein jeder gleich viel daraus trinken und es für alle reichen sollte.

Im Sinne eines vermeintlich gesunden Minimalismus läppern sich hier diverse Lagom-Lifestyle-Empfehlungen: Der *Morgondopp*, ein Bad im Freien, sei etwa der perfekte Start in den Tag. »Wer keinen See oder kein Meer in der Nähe hat, duscht einfach kalt.« Ja, nee, iss klar. Nach diesem Prinzip kann man auch eine Morgenmeditation mit dem Hinweis »wer keine ruhige Umgebung hat, mauert einfach seine Kinder in der Wand ein« empfehlen.

Auch als legeren Wohnstil schlägt der Artikel diese schwedische Lebensart vor: Nachdem Marie Kondo ja inzwischen ihre Ordnungsbücher weggeräumt hat, muss das Kind einen neuen Namen haben. Für die extra Note lagom, so heißt es, soll man sich von allem trennen, was ohnehin nur in den Regalen verstaubt. Der Hang der Schweden zum cleanen Wohnungsstil ohne viel Schnickschnack liegt allerdings wahrscheinlich auch daran, dass der Wohnraum in den Städten stark begrenzt ist. In Stockholm ist es stellenweise schon so weit, dass viele Wohnungsbesitzer nur noch einen Teil ihrer Wohnung selbst bewohnen und den Rest vermieten. Da ist der e-Reader kein Lifestylegedöns, man hat schlichtweg keinen Platz mehr für Bücherschränke.

Neben »genussvoll essen« und »zuhören lernen« wird schließlich auch noch die angebliche schwedische Eigenart »Fika« innerhalb des Lagom-Spektrums empfohlen, was nichts anderes heißt als: Kaffeepause. Hier hört's aber definitiv auf! Mal im Ernst, liebe Kassenpatienten-

Trendforscher, »mit Kollegen Kaffee trinken« – seit wann braucht es dazu einen schwedischen Begriff? Ist das Kaffeetrinken und dazu ein süßes Teilchen vernaschen, das auf so tolle teutonische Namen hört wie Schweinsöhrchen, Ochsenauge oder Heidesand, nicht ein ebenso tief verankerter Bestandteil unserer eigenen Kultur wie Mittagsruhe und Kehrwoche? Warum sollte man das eintauschen gegen schwedisches Gebäck, das sich auf die Auswahlmöglichkeiten »in Zimt gefallen« und »in Kardamom erstickt« beschränkt?

Natürlich sind nicht alle Schweden militante Mittelmaßhalter, so wie wir Deutschen ja auch nicht alle Schäferhundbesitzer und notorische Stoßlüfter sind. Aber lagom als neuen lindgrenesken Lifestyle zu verkaufen, erscheint ein bisschen zu viel des Guten. Es ist einfach eine andere Denke, an die sich mancher Auswanderer erst mal gewöhnen muss. Sofie Donges, ARD-Korrespondentin, ist nach Schweden gezogen und weiß, wie die Schweden so sind. Sie bezeichnet das Volk als freundlich und hilfsbereit, Nicht-Schweden müssten sich jedoch erst an gewisse Codes gewöhnen.[37] Wenn hier etwa jemand sagt »Lass uns doch mal treffen«, sei das noch lange nicht so gemeint. Überhaupt, Fremde in die eigenen vier Wände zu lassen, sei dort eine echte Hemmschwelle.

Vielleicht liegt's auch daran, dass bei dem favorisierten minimalistischen Scandic-Wohnstil Besucherstühle erst gar nicht zum Inventar gehören?

Sofie Donges berichtet auch von den Nachteilen dieses gesellschaftlichen Gleichschrittmachers, nämlich von ergebnislosen WhatsApp-Diskussionen in der Kinderschwimmkursgruppe, bei denen sich niemand traue, einen Termin festzulegen, weil dieser ja vielleicht irgendjemandem nicht passen könnte.

Anders als etwa die Franzosen, bei denen kontroverse Dispute eine Art Nationalheiligtum sind und es fast zum guten Ton gehört, sich wild mit den Armen fuchtelnd wie Louis de Funès gegenseitig ins Wort zu fallen, halten die Schweden sich gerne bedeckt.

Auch Bloggerin Pia E., die seit langer Zeit mehrere Monate im Jahr in Schweden verbringt, geht das Lirum, Lagom, Löffelstiel manchmal auf die Nerven. »Man geht schwierigen Themen oder Diskussionen tunlichst aus dem Weg. Sollte eine mal unvermeidlich sein, wird in dem Wunsch, alle mitzunehmen, unendlich darüber geredet. Keiner will aber dabei den Chef raushängen lassen. Stattdessen werden Wattebäusche hin- und hergeworfen, und am Ende geht man ohne Ergebnis nach Hause.«

Woher die Gewaltprobleme, die das Land hat, kommen, weiß keiner so genau. Versagende Politik, hilflose Polizei, immer undurchdringlicher werdende Gang-Strukturen? Beobachter sehen auch in der Segregation eine Ursache. Während die Bio-Schweden überlegen, wie warm das Badewasser idealerweise sein sollte, entstehen immer mehr Ghettos. So leben etwa in Gottsunda, einem Vorort der mittelgroßen schwedischen Stadt Uppsala, einkommensschwache Migranten völlig abgeschirmt.[38]

Auch wenn die Antwort sicherlich nicht pauschaler Natur sein kann, könnte man dennoch an dieser Stelle ruhig mal vorsichtig fragen: Spielt vielleicht auch die Konsenskultur, die allen Problemen mit »Abwarten, aussitzen, bloß nicht diskutieren« begegnet, eine Rolle? Denn »klare Kante« zu zeigen und vielleicht auch noch die Mehrheitsmeinung in Frage zu stellen, das verstößt ja gegen die gute Jante-Sitte.

Und noch etwas will so gar nicht zur Bilderbuchidylle im hohen Norden passen: Umweltschutz ist ausgerechnet im Land von Greta Thunberg gar kein so großes Thema. Aktuell werden die staatlichen Gelder für den Klimaschutz immer weiter gekürzt. Während andere EU-Mitgliedsstaaten ihre Treibhausgasemissionen reduzieren, hat die Mitte-Rechts-Regierung diese in Schweden erhöht.[39]

Bevor nun die Fragen aufkommen: Was soll denn diese Volksverunglimpfung, und das auch noch aus der Perspektive eines Landes, das sich immer nur stur auf Goethe, Schiller und die Stiftung Warentest beruft? Schon klar, wer im Glashaus sitzt, soll nicht mit Köttbullar werfen.

Aber wäre es nicht mal interessant, sich zu fragen: Welche Rolle spielt die schwedische Herkunft bei ABBA und wie lagom sind sie?

Es ist sicher nicht gewagt, zu vermuten, dass die Band ohne ihre nordische Heimat und die dortigen Gepflogenheiten wohl nicht zu einem solch kurios-kultigen Phänomen geworden wäre. Frisch, adrett, lebensfroh und zu Anfang auch noch doppelt verheiratet. So wollte ein jeder sein! Und eine ordentliche Portion gesundes Mittelmaß hat sicher bei der vieldiskutierten Geheimformel auch die

Finger im Spiel gehabt: Ein bisschen Pop mit bescheidenen Grüßen an Rock, Disco und Musical – nicht *middle of the road* im eigentlichen Sinne, aber auch niemals so richtig auf Seitenstraßen unterwegs.

Auch in den Interviews hört(e) man die ABBAs oft den Mittelweg wählen: Wo andere routinierte Berufsmusiker PR-taugliche Parolen herauspolterten, wählten sie stets mit Bedacht ihre Worte. Nicht nur, weil Englisch für sie eine Fremdsprache ist, sondern womöglich auch, weil man sich in ihrer Heimat eben möglichst interpretationsoffen äußert.

Dass alle vier immer wie Anti-Popstars wirkten, die sich nur für die Bühne in Frack und Fummel geschmissen haben und privat nie mit Exzessen auffielen, ist wohl auch dem Umstand zu verdanken, dass man sich vor seinen Lagom-Landsleuten lieber wohltemperiert als aus der Reihe tanzend zeigen wollte. Vielleicht waren die unzähligen Normalo-Fotos, auf denen vier glückliche Schweden in Jeans-Overalls im Stadtpark lachend in Laubhaufen hüpften, in Wirklichkeit gar nicht so gestellt, wie sie aussehen, sondern sind Teil ihres anerzogenen Hangs zu Gemeinschaft und Nahbarkeit? Das verschmitzte Herunterspielen der großen Erfolge vielleicht Kennzeichen ihrer Bescheidenheit fordernden Kultur? Auch bei Unstimmigkeiten der Bandmitglieder untereinander, die manchmal offensichtlich waren, gab es nie öffentlichkeitswirksamen Beef. Die Rivalitäten zwischen den Frontfrauen tut Agnetha heute in einem TV-Interview ab als: »Das war halt eine gesunde Konkurrenz. Jede von uns beiden gab auf der Bühne ihr Bestes, um dem Publikum eine gute Show zu bieten«,[40] während sie dabei ein Pokerface behält.

Schmutzige Wäsche will man der Presse damals wie heute nicht bieten. Auch bei Streitigkeiten mit Manager Stig Anderson um Tantiemen und vertragliche Spitzfindigkeiten war offenbar keiner der Beteiligten an einer medialen Schlammschlacht interessiert.

Die Fakten des Zaster-Zoffs sickerten Anfang der 80er-Jahre nur langsam an die Öffentlichkeit. Was wohl auch damit zu tun hat, dass Reich-sein in einem Land, in dem Extravaganzen und Ego-Trips tunlichst zu vermeiden sind und jeder das Gehalt seines Nachbarn ganz leicht herausfinden kann, als unschick gilt.

Inmitten von Monetenstreit, internem Zwist und Trennungsstimmung wirkten sie am Ende ihrer Karriere zwar angespannt, machten aber nie den Eindruck, als wollten sie sich gegenseitig an die Kehle gehen, und so haben die Paparazzi kein Futter gekriegt. Wo andere Feindseligkeiten inszeniert und zelebriert haben (schöne Grüße an *Pink Floyd*, *Simon & Garfunkel* und *The Police*), haben sie zumindest nach außen immer das Wikingerhorn millilitergenau miteinander geteilt.

Kurz, als Lifestyle ist lagom vielleicht weniger geeignet, wenn man nicht gerade einen See vor der Haustür hat. Als Popstar fährt man mit verinnerlichtem Understatement jedoch zuweilen ganz gut. Und das im wahrsten Sinne des Wortes: Björn machte 1997 mit seinem Auto, einem *Lexus LS 400*, Schlagzeilen. Nicht nur, dass er als Popstar einen Gebrauchtwagen fuhr, nein, das Lagom-Mobil, das er nach zwei Jahren Nutzung verkaufte, landete schließlich auf der schwedischen Auktionsplattform *Bilwebs Auctions*, wo es den doch recht mittelmäßigen Kaufpreis von 5 459 Euro erzielte.[41] Zum Vergleich: Derzeit steht in einem Autohaus in Hamburg-Stellingen ein *Porsche 914/6* mit Erstzulassung 1969 eines gewissen Herbert Grönemeyer für 111 900 Euro.[42]

Letztendlich könnte man die Korrelation zwischen Herkunft und Hype aber auch so zusammenfassen: ABBA waren so erfolgreich, weil sie das Schweden-Idyll der anderen verkörpert haben und gleichzeitig versucht haben, ihm zu entfliehen.

Ja, sie posierten fürs Foto immer gerne lachend mit viel Wind in den Haaren vor Holzhäusern, Booten und auf Picknickdecken. Andererseits haben sie die Volkstümelei aber nicht forciert und schielten eher auf internationale Themenfelder. Sang Agnetha 1968 noch in dem Volkslied *Tak Sverige* »Danke Schweden für all die Schönheit, die es zu sehen gibt«, genauer beziffert als grüne Wälder, blauer Himmel und läutende Hochzeitsglocken und resultierend in dem Beschluss »Wir werden niemals in der Lage sein, das Land zu verlassen«, gehörte es alsbald zur ABBA-Agenda, ebendieses zu tun und möglichst wenig über ihre Heimat zu singen. Stattdessen wünschte man sich mit exotisch klingenden Songtiteln weit fort von ihr: *Hasta Mañana*, *Chiquitita*, *Fernando*, *Happy Hawaii*, *Tropical Loveland*, *Put On Your White Sombrero* oder auch der gesungene Paris-Reiseführer *Our Last Summer*. Ein

Trend, den Björn, der die Musikmärkte stets genau beobachtete, vielleicht aus dem deutschen Schlager übernommen hatte, denn wir wünschten uns ja auch mit *Fiesta Mexicana* und *Mendocino* gerne weit weg aus Oldenburg und Bottrop. Und für eine vorsichtig zweideutige Aufforderung, die allenfalls einen Sex-Appeal irgendwo zwischen Bonnie Tyler und der Ariel-Clementine andeuten sollte, musste mit *Voulez-Vous* das verruchte Französisch herhalten, denn eine derartig offene Aufforderung zum Beischlaf gehört sich schließlich nicht für den gemäßigten Mittelschweden.

Vielleicht sind wir Deutschen ABBA deshalb so nah? Das Verhältnis zu unserem Heimatland taumelt ja auch beständig zwischen Stolz und Scham. Unser lagom heißt Hausordnung, und unsere Fika-Pausen sind nicht erst am Nachmittag, sondern schön preußisch »Morgens, halb zehn in Deutschland«. Wir wollen stolz sein, aber nicht zu stolz, und weit weg wollen wir nicht nur im deutschen Schlager: Nach der Corona-Flaute sind die Deutschen wieder auf dem besten Weg zum Reiseweltmeister.

Das macht sich auch in der Musik bemerkbar: Wir lieben unseren Schlager, und die, die ihn peinlich finden, finden ihn aber doch kultig genug, um ihre ambivalenten Gefühle bei Guildo Horn oder Christian Steiffen ausleben zu wollen. Der Kabarettist Heinz-Peter Lengkeit hat gerade mit *»Spuren im Sand – HP Lengkeit IST Haui«* eine Show kreiert, die sowohl Fans als auch Verächter von Howard Carpendale auf den Plan ruft. Genau das ist auch passiert, als *Erasure* 1989 mit *ABBA-esque* um die Ecke kamen und alle Welt merkte, wie schaurig-schön ABBA doch eigentlich sind und wie schrecklich wir sie vermissen.

Auch der Hype um die Schweden-Krimis folgt einem ähnlichen Muster. Vielleicht sind Henning Mankell, Stieg Larsson und Konsorten so erfolgreich, weil das Grauen, das eine Idylle befällt, beklemmender ist als der erwartbare Schrecken in einer Hochhaussiedlung in Duisburg-Marxloh. Und vielleicht sind die Morde auch deshalb so ausnehmend brutal, weil der homogene Lauwarm-Lifestyle es immer unterdrückt hat, emotional in die eine oder andere Richtung auszuschlagen?

Auch wenn Bullerbü bröckelt, das Image Schwedens ist so unzerstörbar wie eine Scheibe Roggenknäcke, so unwiderruflich wie der *Waterloo*-Sieg. Weder die gewaltvoll ausgetragenen Schweden-Fehden noch der fehlende Klimaschutz oder auch Schreckensmeldungen über die Kult-Möbel, wie unlängst in der *arte*-Doku »Wie Ikea den Planeten plündert« zusammengetragen, werden in den nächsten Jahren unseren Scandic-Tick schmälern. Dazu wurde er zu tief in unser harmoniesüchtiges Herz gepflanzt, dafür haben wir viel zu oft *Ferien auf Saltkrokan* gelesen und viel zu lange ABBA, *Roxette* und *The Cardigans* gehört. Nicht mal *The Final Countdown*, jene groteske Komposition der Permanentwellen-Posterboys von *Europe* konnte unseren Glauben an das immerwährende Sommerwiesenidyll erschüttern.

Und die Schweden selbst? Sind so happy, wie wir sie

uns wünschen. Im *World Happiness Report* 2024 befindet sich das Land nach Finnland, Dänemark und Island auf Rang vier, noch zwei Plätze höher als ein Jahr zuvor.[43]

Ist das so, weil die Schweden mehr »bei sich« sind, ganz gleich, ob dies dem lagom, der Faktenverdrängung oder einer langen Tradition von Friede, Freude, Fika-Pause geschuldet ist? Oder liegt es auch einfach daran, dass die dortigen Krankenkassenblättchen ihrem Volk nicht ständig mit neuem Selbstoptimierungs-Gesülz aus anderen Ländern auf die Nerven gehen? Ich würde mich zumindest sehr wundern, wenn man dort Artikel finden würde wie »Top Tipps aus Tyskland: Machen Sie's wie die Deutschen – stehen Sie um halb sechs auf, machen Sie einen Morgen-Hopp zum Fenster und schreiben Sie Falschparker auf!«

Deutschland ist beim letzten Happiness-Report übrigens gerade von Platz 16 auf Platz 24 abgerutscht. Vielleicht liegt die Ursache mit darin, dass wir unter Gemeinschaft zunehmend verstehen, mit Gleichgesinnten über den Verfall Deutschlands zu lamentieren. Und Glück, so scheint es, empfinden wir nur, wenn wir im Supermarkt rufen »Könnse mal 'ne zweite Kasse aufmachen?«, um dann nach Hause zu hetzen und bei Kaffee, Kuchen und Krümelstaubsauger von der Entspanntheit anderer Länder zu träumen.

Intermezzo No. 2

Warum ABBA Schuld haben, dass ich nicht flirten kann

Perfekt sein, so heißt es, ist was für Leute, die sonst nichts können. Das tröstet mich allerdings nicht immer über die vielen Dinge hinweg, die ich nicht kann: Singen. Tanzen. Rechnen. Logisch denken. Und ganz oben auf der Liste: Ich kann nicht flirten. Da pendle ich permanent zwischen plump und planlos. Um aber nicht vollends als jammernder Lappen rüberzukommen und die derzeitigen gesellschaftlichen Anforderungen an grenzenlose Selbstliebe zumindest peripher zu erfüllen, schiebe ich schnell noch nach: Ich kann wahnsinnig gut backen. Und kochen. Da hört's aber auch schon auf, wenn man von meiner Fähigkeit absieht, alle Barbapapas spontan in richtiger Reihenfolge aufzusagen.

Was die Mängelliste betrifft, so sind meine Flirt-Fails auf eine klare Ursache zurückzuführen. »Wie jetzt?«, mag der geneigte Lesende fragen, »will die jetzt behaupten, dass das auch mit ABBA zu tun hat und uns eine an den Haaren herbeigezogene Geschichte auftischen?« Nicht ganz. Eine gewisse Mitschuld an der Misere möchte ich meiner Freundin Claudia geben. »Du musst so tun, als sei er für dich Luft«, hat sie mir im zarten Alter von elf Jahren in der Teestube geraten, wo wir aromatisierte Erdbeerplörre tranken und *Holly Hobbie*-Sammelbilder tauschten, »das ist das ganze Geheimnis.«

Ich habe es nie verstanden. Man geht ja auch nicht zum Bäcker, wenn man sich für die Mittagspause eine schöne Rosinenschnecke gönnen will, guckt mit aller Macht an der Auslage der süßen Teilchen vorbei, um dann zu sagen: »Ich? Eine Rosinenschnecke? Sehe ich so aus, als würde ich so einen zuckrigen, klebrigen Glutenbatzen wollen, bei dem man nach einmal Abbeißen aussieht, als hätte man großflächige Schuppenflechte?«, nur um dann mit vorgehaltener Hand der Verkäuferin zuzuzischeln: »Drei Stück, ohne Trennpappe, einfach inne Tüte, aber zack, zack!«

Und noch einen Tipp hatte Claudia, der sich mir nie erschlossen hat: »Du musst subtile Zeichen setzen!« Sie konnte sich derart gedankenverloren mit den Fingern ihre dunklen Locken aufwickeln, dass es die Jungs reihenweise verrückt gemacht hat. Der Rat war vergebens, denn sämtliche Versuche meinerseits, Desinteresse zu heucheln und mir am besten noch parallel dazu scheinbar unauffällig durch die Haare zu streifen, endeten immer damit, dass ich schräg in die Luft guckte wie ein Kanarienvogel und mit meinen Kaugummiautomat-Fingerringen in irgendeiner versteckt angebrachten Haarspange mit Plastikobstmotiv hängenblieb, die Volumen in meinem Haar vortäuschen sollte. Vielleicht lag es auch daran, dass ich gedacht habe, Subtil sei ein Waschmittel.

Einen nicht zu unterschätzenden Anteil an meiner Versagensgeschichte hatte aber auch die Lebenshilfe, die ich tragischerweise auf den Inlay-Hüllen meiner ABBA-LPs suchte. Wo sonst hätte man nach Rat suchen sollen? Die gängigen Tipps in den Jugendpostillen lauteten meist: »Halte Augenkontakt, aber nicht zu lang. Sei interessiert, aber nicht aufdringlich. Sei du selbst, aber auch irgendwie geheimnisvoll. Suche zufälligen Körperkontakt, aber bleib schön auf Abstand.« Wie sollte man so was auf die Kette kriegen, wenn man es nicht mal schaffte, ein *Toffifee* so zu lutschen, dass nur die Nuss übrigblieb? Was ich auf den vom vielen Rein- und Rauspacken zerknitterten Hüllen fand, war leider nicht viel nachahmenswerter. Das ging schon los mit dem äußerst verstörenden *When I Kissed the Teacher*, welches bei einem Haufen Grundschul-Girls, die noch nie was von dem Begriff Machtgefälle gehört hatten, zu viel Gekicher geführt und Wahrheit-oder-Pflicht-Fragen auf den Plan rief wie »Würdest du lieber den fiesen Mathe-Müller oder den Pullunder-Pedder knutschen?« Für mich war allein die Vorstellung grenzwertig, denn Männer über fünfundzwanzig fand ich genauso abstoßend wie ihre abgeranzten Lehrerumhängetaschen aus schwartefarbenem Schweinsleder.

Das bedrohliche *Tiger* mit seinen einschüchternden Zeilen wie »And if I meet you what if I eat you?« fand ich für Adoleszierende in *Ernie und Bert*-T-Shirts ein wenig überambitioniert.

Ratlos zurück ließ mich auch das musikalisch wie textlich merkwürdige *On And On And On*. Da wird von einem Flirty Guy geschwafelt, der mit der nicht gerade innovativen Pick-up-Line »What's our situation, do we have some time for us?« an die Bar gedackelt kommt, während die plump Angeflirtete nur lakonisch antwortet: »I was not exactly waiting for the bus.« Das ist fast so creepy, als würde man auf einen Hohl-Spruch à la »Tat es eigentlich weh, als du vom Himmel runtergefallen bist?« antworten »Ja, magst du mal pusten?«

Ähnlich cringy ist die Paris-Posse *Our Last Summer*. Frida besingt hier leicht klischeehaft eine Urlaubsaffäre, bei der er sie über Politik und Philosophie zulabert und sie nur wie Mona Lisa zurücklächelt. Na ja, geschenkt. Dann aber kommt die große Ernüchterung: Der Typ ist ja gar kein kuscheliger Croissant-Connaisseur und weltgewandter Weinkenner, sondern Familienvater, Bankangestellter und Fußballfan! Und, auch das scheint sie erst nach ausgiebigem Techteln und Mechteln zu erfahren, er heißt nicht etwa Jean-Jacques, Alfonso oder Percy, sondern hört auf den schnöden Namen Harry. Mon Dieu! Wer einen ganzen Sommer mit jemandem verbringt und erst im Herbst feststellt, dass er Harry heißt, hat der nicht die Basics des menschlichen Miteinanders komplett verpennt? Ich frage auch nicht sofort nach Beruf, Sternzeichen oder bekannten Allergien, wenn ich jemanden kennenlerne. Aber wenn man in JEDEM Café in Paris war (und das müssten ein paar Tausend sein), sollte man zu dem Zeitpunkt nicht wenigstens den Namen des Sommerabschnittspartners aufgeschnappt haben?

Oder sind das so komische Rollenspiele, wie diese Paare

sie machen, die sich einmal im Monat in einer Pension im Emsland unter fremdem Namen treffen und so tun, als seien sie Fred, der Feuerwehrmann, und Marilyn, die Krankenschwester, und würden sich gerade zum ersten Mal sehen? Der edukative Mehrwert dieser Lieder war jedenfalls gleich null.

Aber es gab noch einen Song, der mir alles vermasselt hat und jegliche in mir schlummernde Empowerment-Samenkörnchen erstickt hat. Ein Lied, das auf Heranwachsende noch mal so schmerzhaft einprasselt, wenn sie vorher ähnliche Handlungsmuster unbewusst aufgesogen hatten, die eine perfide Anbiederungstechnik verfolgen. Den Nährboden dafür ausgelegt hatte etwa Costa Cordalis, der in *Anita* eine Art Ethno-Chauvi verkörperte und den Mythos »Aufgabeln Minderjähriger vor Kolonialkulisse« etablierte, indem er behauptet, dass Mädchen nicht viel tun müssen, um erobert zu werden: »Ich fand sie irgendwo allein in Mexiko«, das suggeriert doch, dass Frauen einfach so in armen Urlaubsländern herumliegen und jeder Pauschalurlauber sie mitnehmen kann wie einen auf dem Zierspitzenzaun aufgesteckten Handschuh. Auch Marianne Rosenberg, die meiner Ansicht nach wirklich nicht schäbig war, machte sich musikalisch künstlich klein und plärrte würdelos eine fiktive hammergeil aussehende *Marleen* an: »Eine von uns beiden muss nun geh'n!« Das war wiederum nur der eingedeutschte Text von Dolly Partons *Jolene* (ja, liebe junge Leute, Dolly Parton hat das gesungen, nicht diese beiden Aushilfs-Sheriffs von *The Voice Kids*).

Und dann kamen ABBA und sprangen auf den Selbstmitleids-Zug auf, indem sie munter und eindringlich *Take A Chance On Me* sangen. Dieses perfide Machwerk hat mir nicht nur seinen penetranten Beat ins Hirn, sondern auch die Message in den Kopf gehämmert, dass es von Erfolg gekrönt sein könnte, sich beim anderen Geschlecht feilzubieten wie abgelaufene Bückware. Denn was heißt »If you change your mind, I'm the first in line, honey I'm still free, take a chance on me!« denn bitte schön anderes als: »Also, nur für den Fall, dass du jetzt keine andere findest, dann nimm doch mich … ich wäre noch frei, und ich stehe sozusagen an erster Stelle in der Schlange an … also hey, probier's doch mal mit mir, aber nur wenn's keine Umstände macht!« Anscheinend war künstliches Kleinmachen gesellschaftlich akzeptierter, als erhobenen Hauptes herauszublöken: »Den Typ da hätte ich gerne, können Sie mir den einpacken?«

Bei mir hatte die Masche nur begrenzten Erfolg. Als ich auf Holger Werners Geburtstagsparty in einem geschickt abgepassten Moment zwischen Wattepusten und Topfschlagen ganz nebenbei raunte: »Ähm, ich find dich ganz gut und wäre noch frei, falls du mal Bedarf hast, zwinker, zwinker!«, bekam ich als Antwort zu hören: »Och, danke fürs Angebot, aber, öh, grad' nich'.«

Peinlich, peinlich, aber am Ende konnte ich noch froh sein, dass ich nicht Rod-Stewart-Fan war und bei der Dunkel-Disco im Jugendheim geflüstert habe: »Wenn du meinen Körper willst und findest, dass ich sexy bin, dann lass mich das doch bitte wissen, Baby!«

Wie es richtig geht, war auf keiner zerknitterten LP-

Hülle zu lesen. Wenn eine Frau offensiv geflirtet hat, war's auch wieder nicht gut, und sie wurde mit einem spöttischen *»Does Your Mother Know?«* wieder zurück ins Kinderzimmer geschickt.

Der Einzige, der sein Handwerk beherrschte, war der miese Typ aus *Angeleyes*, der mit der Masche »One look and you're hypnotized« reihenweise die Mädels anmacht und wieder abserviert. Sprich, die, die's richtig draufhaben, sind Arschlöcher. Immerhin eine Erkenntnis mit gewissem Wahrheitsgehalt.

Auch die Videos vermittelten oft eher plumpe Paarungspläne statt ausgeklügelte amouröse Anbahnungstechniken. Bei *Ring Ring* etwa tänzeln Frida und Agnetha fröhlich vor XL-Rattansesseln, während die Männer sich langsam und unheimlich aus dem Gebüsch anschleichen und dann spannermäßig in der Kulisse herumstehen. Bei *The Name Of The Game* spielen die vier extrem übermütig ein nach dem Spielaufbau zu urteilen eher simples Brettspiel und fingern sich dabei ständig komisch im Gesicht herum, Benny steckt Frida sogar den Finger in den Mund, sie beißt neckisch drauf. Wenn das die berühmten zufälligen Berührungen sind, so habe ich schon früh für mich entschieden: Da bin ich raus.

Ja, er war äußerst widersprüchlich und enttäuschend, der musikalische Werkzeugkasten zur Partnerfindung, der einem von ABBA vermittelt wurde. Dabei waren die doch erwachsen, die hätten es doch wissen müssen!

Kein Wunder, dass es von ABBA so wenige Liebeslieder gibt.

Gonna Sing You My Lovesong oder *I've Been Waiting For You* haben es nie in die Klassikerliste geschafft, *Lovelight* wurde auf eine B-Seite verbannt. Richtig gute Melodien kriegten sie nur hin, wenn Drama ins Spiel kommt. Wobei man sich fragt, warum es so viele gute Trennungs-Songs gibt, denn mit den genannten Annäherungsversuchen kriegt ja kein normaler Mensch überhaupt erst eine Beziehung zustande. Wahrscheinlich waren diese von Anfang an zum Scheitern verurteilt, weil sie schon mit so unbeholfenen Anmachsprüchen anfingen wie »If you're going somewhere, can I come along?« oder »Voulez-vous … äh, you know schon what«.

So kam ich nach vielen Jahren der vergeblichen Liebesmüh zur nüchternen Erkenntnis: Know your limits. Wer nicht in der Lage ist, sich die Haare um den Finger zu wickeln, ohne dass dieser sich in einem wespennestartigen Knäuel verhakelt, wer es nicht schafft, sexy, aber nicht billig und aufgeschlossen, aber niemals aufgedreht, intelligent, aber nicht neunmalklug zu wirken und so ständig mit einer geistigen Wasserwaage den Idealzustand zwischen anbetungswürdig und grottendämlich auszupendeln, der sollte es lassen.

Noch heute frage ich mich: Ist es subtile Körpersprache, wenn ich jemanden drei Stunden anstarre und mit dem Autoschlüssel klimpere? Sollte man beim ersten Date gleich Adressen von Kinderwunschkliniken auf den Tisch legen? Und welche unauffälligen Körperkontakte gibt es noch, außer in der Universitätsbibliothek jemanden anzurempeln, dabei scheinbar überrascht hundert einzelne DIN-A4-Blätter zu Boden fallen zu lassen (wer trägt heute so viel Papier mit sich rum?) und noch während des gleichzeitigen hektischen Einsammelns Pläne für einen grande decaffed von *Starbucks* und anschließenden wilden Sex zu machen?

Immerhin, einen todsicheren Tipp, wie man sich lästige Anbaggerer in Clubs, Bars oder Bäckereischlangen vom Leib hält, haben ABBA gratis mitgeliefert: Ein genervtes »Sorry, aber ich warte hier gerade nur auf den Bus!« funktioniert wirklich immer.

Alltagspoesie am Arsch: Move on ... oder lass es bleiben

Move On ist ein schöner Song. Gitarren und Flöten umgarnen eine fluffige Walzer-Melodie, am Ende gibt es sogar ein folkloristisches Lalala-Lalala. Gäbe es ein Video dazu, würden unsere vier sicher wie Laura und Mary Ingalls übermütig in Zeitlupe über eine Blumenwiese hüpfen. Wahrscheinlich gäbe es auch eine Strandszene, die passend zum Chorus *»Like a roller in the ocean life is motion move on«* das Leben, das sich wie eine Woge im Meer bewegt, versinnbildlichen soll. Aber textlich muss man einfach mal sagen: Danke für nichts, ABBA!

Nicht nur, dass Björn sich wieder einen Gesangspart erschleicht, obwohl die Erkenntnis, dass er das mit dem Singen lieber den Frauen überlassen sollte, schon ein paar Jahre zuvor gereift sein dürfte. Nein. Textlich hat die Band mit Phrasen wie »Das Leben fließt wie ein stetig wehender Wind« die Blaupause für sämtliche sinnsuggerierenden Sprüche geschaffen, die in den nächsten Jahrzehnten ungeniert ihren Siegeszug auf Apothekenkalendern, Bäckereifachverkäuferinnenwaden und Poco-Wandtattoos antreten sollten. Selbst für klumpigsten Phrasenpudding war man sich nicht zu schade: »Es ist egal, ob ich den

Himmel erforsche oder meine Gedanken, am Ende ist nur wichtig, dass ich es versucht habe.« Puuuh. Da kann man sich nur mit einem Kopfschütteln, das man ansonsten nur bei Harald Schmidts Mitmischerei auf dem Traumschiff an den Tag legt, fragen: Meint der das ernst?

Ja, das Leben fließt wie ein ewig blasender Wind und jeden Morgen geht die Sonne auf, hat auch Udo Jürgens schon gewusst. So nett es auch ist, mal aus dem permanenten »Ich liebe dich (nicht mehr/vielleicht doch noch/jetzt sogar mehr als vorher)«-Brei auszubrechen, hier muss man ganz klar sagen: Stopp! Sooo nicht!

Kein Wunder, kommt uns bei der Melodie zuallererst die Werbung für *Gard*-Shampoo von 1982 in den Sinn, oder besser noch Ottos Version: »Fettig Haar ist dir gegeben, lass es kleben mit Quaaark!«

Zur Ehrenrettung von Björn Ulvaeus, der ja meist für die Songtexte verantwortlich zeichnete, muss man sagen, dass dieser Text aus der Feder von Manager Stig Anderson stammt. Aber jeder, der seinen Verstand halbwegs beieinanderhat, hätte spätestens bei »I've travelled every country, I've travelled in my mind« dankend abgelehnt. »Ich habe jedes Land bereist und auch meine Gedankenwelt erforscht« – da hätte selbst Barry Manilow gesagt: Sorry, Leute, aber das is mir zu platt.

ABBA haben hier quasi Pionierarbeit in Sachen Pseudopoesie geleistet. Zu einer Zeit, in der allerhöchstens auf Porzellantellern neben der Eichenschrankwand Bauernregeln wie »Das Glück ist eine blinde Kuh, es rennt dem größten Ochsen zu« geprangt haben, haben sie quasi den

Anpfiff zu ungeniertem Life-Coaching in der Popmusik gegeben und die Volkshochschullyrik salonfähig gemacht. Dass diese sich in den kommenden Jahrzehnten auf erschreckende Art potenzieren würde, belegt die Musikgeschichte eindrucksvoll: Erste Auswüchse der Teilzeitpoeten in den 80ern (etwa das klebrige *Dreams Are My Reality* von Schmalzbacke Richard Sanderson) wurden in den 90ern noch getoppt. »Komm mit mir ins Abenteuerland, der Eintritt kostet den Verstand« war der pure Schnulzenhorror. Nach der Jahrtausendwende, in der Ronan Keating das Leben als *»Rollercoaster, you just gotta ride it«* besungen hatte, standen Verbalbanalitäten quasi an der Tagesordnung: »An Tagen wie diesen wünscht man sich Unendlichkeit« ist bekanntlich nur getextet worden, damit auch Jens, 51, Fliesenleger und Hosen-Fan aus Kamp-Lintfort etwas hat, das er sich in den WhatsApp-Status schreiben kann. Schließlich erreichte das Phrasen-Porridge mit dem fischerschen »Spür' was Liebe mit uns macht« seinen absurden Höhepunkt. Und es wird weitergehen mit dem Sülzfloskelregen aus Lieblingsmenschen, Liebestattoos und *Hulapalus*. Danke, ABBA!

Immerhin war *Move On* eine gute Schule. Wer mit diesem Song groß geworden ist, der hat genug Resilienz aufgebaut, um nicht zur Schmalzsäule zu erstarren, wenn man schon beim Morgenkaffee von seinen Arbeitskollegen Sprüchebilder von in Sand gemalten Herzen oder Meereswogen geschickt bekommt, die den immergleichen Inspi-Firlefanz aus »Leben, Lieben, die Sonne in Dein Herz lassen« verquirlen und unter denen »anonym«

steht, weil natürlich niemand, der bei Verstand ist, für so eine gequirlte Kacke wie »Weine nicht, wenn es regnet. Es ist nur der Himmel, der deinen Schmerz wegspült« die Autorenschaft übernehmen würde.

Und auch den titelgebenden Weiterbewegungsdrang darf man durchaus kritisch hinterfragen. Denn: Dieser ständige Entwicklungszwang nervt. Immer muss morgen besser sein als heute. Kann man nicht einfach sagen: Gestern war okay, heute auch und morgen wird's auch fein. Stattdessen sollen wir uns 24/7 weiterentwickeln und der best possible version unserer Persönlichkeit hinterherhecheln. Nach dem Motto, »Hallo Schatz, wie war dein Tag? Also, ICH habe mir heute mal ein Persönlichkeitsupgrade gegönnt und bin jetzt nur noch 34 Prozent resilient, dafür 12 Prozent dauerbeleidigt und immerhin noch zu 54 Prozent ein Arschloch!«

Ich bin auch nicht für das *Move On* zwischen den Zeilen innewohnende »Carpe Diem«. Das klingt mir irgendwie zu gewalttätig, als müsste ich jeden Tag am Schlafittchen packen und ihn zwingen, gefälligst am Ende desselben das Prädikat »gelungen« auszuwerfen. Viel schöner wäre es doch, den Tag einfach langsam kommen zu lassen und sich beim abendlichen Therapiedecke-über-den-Kopf-ziehen bewusst zu werden, dass nicht alles daran scheiße war.

Move On ist das Pendant zu »muss ja«, was ja genauso bescheuert ist. »Wie geht's?« – »Muss.« Also, muss ja gut gehen. So ein Dreck. Es muss nie gut gehen. Wenn es gut gehen muss, ist es nicht gut.

Ich finde, wenn man überhaupt was muss, dann auf der Stelle stehen bleiben. Gerade in unserer Gegenwart, in der Zeitenwenden so oft ausgerufen werden wie Zugverspätungen, sollte man ruhig mal den Mut zum selbstbewussten »Staying where you are« haben, statt immer mit dem Bulldozer voranzumoven. Das Leben geht ja ganz alleine weiter, da muss man gar nix für tun, man kann den Weltenlauf nicht anhalten. Jeder Tag beginnt mit diesem unsäglichen Klingelton, den man schon immer mal ändern wollte, es aber spätestens beim Ins-Bad-Stolpern schon wieder vergessen hat, dann wird emsig geworkt und noch emsiger gebalanced, bestellt und bewertet, retourniert und optimiert, der Tag ergriffen, vorwärts gemoved, Geschichte gemacht, es geht voran!

Anstrengend. Wir rennen den ganzen Tag einem Stöckchen hinterher, von dem wir gar nicht wissen, wer es eigentlich geworfen hat. Wollen die bestmögliche Personality aus uns herausholen, aber gleichzeitig auch bitte schön authentisch bleiben. Wäre es nicht einfacher, wenn wir stolz darauf sind, noch genauso bekloppt zu sein wie früher? Ich bin eigentlich noch die Gleiche wie eh und je, nur dass ich mich inzwischen für Schuhe begeistern kann, weil sie eine atmungsaktive Kohle-Sohle haben. Ansonsten: New decade, same shit. Wenn Facebook mir sagt »Dein Followerzuwachs hat sich in den letzten Tagen verlangsamt« (was nichts anderes heißt als »Kein Arsch interessiert sich für dich, du Null!«), fühle ich mich genauso gedemütigt wie in der Schule, wenn ich stets als Letzte ins Volleyballteam gewählt, oder sagen wir besser: gnädig aufgenommen wurde. Am Schreibtisch zu sitzen, dabei Musik zu hören und gedankenverloren herumzuprösseln, das mache ich mit 54 noch genauso gerne wie mit 13. Und wenn ich im Spielzeugladen ein verpacktes Etwas mit dem bunten Button »Squeeze here!« sehe, dann drücke ich drauf, bis es wackelt und kreischt. Menschen verändern sich nicht dauernd. Das Anpassen an neue Lebensumstände hat in der Evolution Jahrtausende gebraucht, warum müssen wir das alles in eine kurze Daseinsspanne quetschen?

Auch wenn es sehr begrüßenswert ist, dass immer mal wieder schwere Jungs aus der Naziszene aussteigen, Metzger Veganer werden und Börsenbroker ins neuseeländische Hochland auswandern, um die Stille in sich zu finden, die meisten können und wollen nicht aus ihrer Haut. Neulich etwa habe ich auf Instagram eine Jugendfreundin wiedergetroffen, und wir beschlossen, einen Kaffee trinken zu gehen. Da saßen wir dann, tauschten Floskeln aus und nach zwanzig Minuten rührten wir nur noch verlegen in unseren Lattegläsern herum. Irgendwie habe ich gemerkt: Es muss einen Grund gegeben haben, warum wir uns so lange nicht gesehen haben. Sie zeigte mir Fotos von ihren Rehpinschern, die ich ausgesprochen hässlich fand, und stellte mir keine einzige Frage. Gut, ich war mit meinem »Und? Wo arbeitest du?«, »Hast du Kinder?« und »Zählt so ein Vieh wirklich als Hund?« auch nicht gerade eine Meisterin der empathischen Gesprächsführung.

Aber ich habe immer ein komisches Gefühl, wenn Leute

in Unterhaltungen prinzipiell keine Fragen stellen. Erst wollte ich mir den Spaß machen und irgendwelche Fake Facts in die Konversation einbauen, nur um es zu genießen, wie mein Gegenüber rein gar nichts dazu sagt: »Letztes Jahr haben wir Urlaub in Sibirien gemacht. Man hat uns Drogen ins Gepäck geschmuggelt, und wir mussten vier Jahre ins Arbeitslager, wo wir uns gegenseitig die Tattoos ›Gib jedem Tag die Chance, der schönste deines Lebens zu werden‹ mit selbst angerührter Farbe aus verkohltem Gummi auf die Unterarme gestochen haben« oder so was in der Art. Habe ich leider nicht, aber ich bin mir sicher, sie hätte nur »Ah« gemurmelt. Ich dachte die ganze Zeit »die ist ja noch genauso langweilig wie früher« und sie dachte mit Sicherheit »die ist ja immer noch so komisch«. Und so wurde aus einer sehr langen halben Stunde bald ein beidseitiges »Du, ich muss jetzt aber wirklich los«. Mit anderen Worten: Keine von uns hat in großem Maße On-Moving betrieben. Unser Kontakt beschränkt sich seither darauf, dass wir zwei Mal im Jahr ein Foto des anderen auf Facebook liken.

Auch bei Trennungen hört man häufig »Wir haben uns halt in verschiedene Richtungen entwickelt«, was auch wieder mehr Bewegung unterstellt, als in den meisten Fällen tatsächlich stattfindet, und oftmals nur so viel heißt wie: »Wir sind beide die Gleichen wie vor 25 Jahren. Ich kann es nur einfach nicht mehr ertragen, dass der Rolf seine ärmellose Strickjacke auch außerhalb des Hauses trägt.«

Am Ende bäumt sich die geballte Feierabenddichtkunst im La-La-Lied noch mal zu einem absurden Höhepunkt auf: »What really makes the difference between all dead and living things, they will to stay alive«. O-keh. Der Unterschied zwischen toten und lebendigen Dingen ist der, dass die lebendigen am Leben bleiben wollen. Hm. Muss man auch erst mal draufkommen. Ich würde sagen, auch die toten Dinge wollen lieber leben. Es sei denn, sie hatten vorher ein »Lebe! Liebe! Lache!«-Poster in der Küche. Dann sind sie bestimmt lieber tot.

Übrigens, bevor man sich mit *Move On* für eine gesungene Mobilitätsgarantie entschied, sollte der Song *Love For Me Is Love Forever* heißen. Auch das hätte prophetische Züge gehabt und den damals noch weitgehend unauffällig vor sich hindümpelnden Selflove-Trend vorweggenommen, der heute so groteske Züge angenommen hat, dass Menschen sich selbst heiraten. Schade eigentlich. Als Signature-Musikintro für Reden von Christian Lindner wär's bestimmt ein Knaller gewesen.

Sinnsprüche, die *wirklich* stimmen:

- Träume nicht Dein Leben, setz einfach in der Umkleidekabine die Brille ab.
- Wer den Tag mit einem Lachen beginnt, der arbeitet bestimmt nicht bei *Lieferando*.
- Man kann den Wind nicht ändern, aber man kann zumindest die wetterfeste Jack Wolfskin-Jacke entsorgen.
- Das Leben ist zu kurz für Sinnsprüche in Comic Sans.

- Gib jedem Tag die Chance, nicht ganz so beschissen zu werden wie der vorherige.
- Ein Weg von tausend Meilen beginnt mit einem einzigen Taxi.
- Verstehen kann man das Leben nur rückwärts. Einparken sollte man aber immer vorwärts.
- Das Leben ist wie eine Welle im Ozean. Manchmal aber auch wie eine volle Windel im Babybecken.

Echt jetzt? (V)erklärwerke der Vergangenheit

London, Oktober 2022. Das Publikum sitzt gebannt in der ABBA Voyage Arena, wo gerade die Show mit dem ersten Song begonnen hat. Alle schauen begeistert und fasziniert auf die parallel bespielten Bildschirme. Nur oben in Block H, Reihe 2, sitzt eine Mittfünfzigerin, die ein skeptisches Gesicht macht.

Das war ich. Bei aller Freude, mit *The Visitors* einen meiner Allzeit-Favoriten, der eigentlich immer unter »fer-

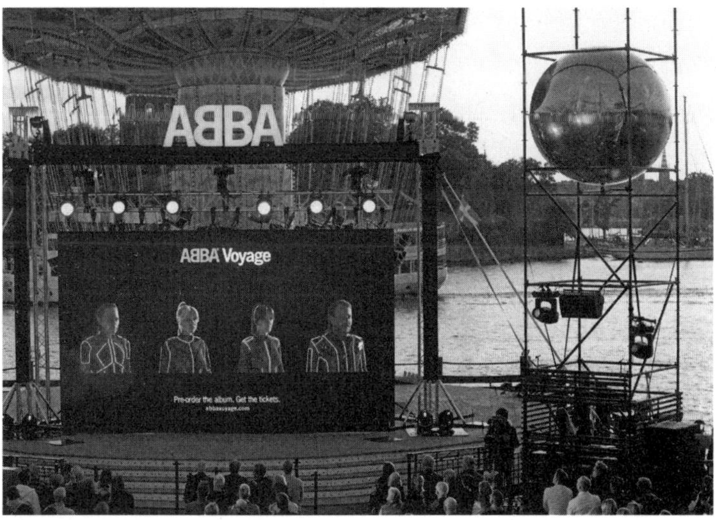

Reisende zwischen den Welten

ner liefen« rangierte, als Opener kredenzt zu bekommen, habe ich erst mal mit den Augen gerollt und gedacht: So nicht.

Sichtlich irritiert, dass die ABBAtare bei einem Song von 1981 knallige Outfits aus den 70er-Jahren tragen, die es so zwar nie gegeben hat, aber die von *Dolce & Gabbana* deutlich angelehnt an die Ära der flashigen Fantasie-Kostüme designt wurden, musste ich mich direkt fragen: Wie kann man einen Song, bei dem musikalisch wie modisch bereits die 80er angebrochen waren, was sich in einem Hang zu Bundfaltenhosen, schmalen Schlipsen und bunten Baumwollpullis, die auch direkt der *Perwoll*-Werbung hätten entsprungen sein können, niedergeschlagen hatte, nur in so einem ZDF-Fernsehballett-Gedenkoutfit singen?

Mit dem gleichen Reflex, mit dem ich bei sämtlichen ABBA-Coverbands immer feststelle: »Die tanzen viel zu schnell!«, sobald diese auf die Bühne stürmen, fiel mir hier sofort auf: Die sind zu dünn! Hüften wie Mikadostäbchen, Taillen wie Lara Croft. Da frage ich mich: Wenn man sich schon die Mühe macht, die Originalmitglieder wochenlang mit Elektro-Stöpseln zu verkabeln, um per Motion Capture ihre Bewegungen einzufangen und ein möglichst realistisches Bild ihrer Glanzzeit zu erzielen, warum hat man dann nirgendwo eine kleine Bauchwölbung oder einen Zahnüberstand gezeigt, der ein richtiges und dazu noch sympathisches Bild unserer Helden geliefert hätte? Wieso hat man Frida und Agnetha das virtuelle Haar zu Bibi-Blocksberg-Zöpfen hochgebunden, eine der wenigen Frisuren, die sie nie ausprobiert hatten?

Es ist ja löblich, dass man versucht hat, Altvertrautes mit dem Stilempfinden von heute zu verbinden, und es scheint auch zu funktionieren. Dem Großteil der Anwesenden machte das offenbar nichts aus. Mich mit meinem angeborenen Mecker-Reflex irritierte es eher. »Mama, jetzt komm mal aus dir raus!«, knuffte mich meine offenbar deutlich unkritischere Tochter in die Seite.

Ich kann das einfach nicht. Wahrscheinlich habe ich zu meiner Zeit als Kulturjournalistin zu viele Jahre Kritiken geschrieben und verzweifelt versucht, das Haar in der Suppe zu finden, um in meinen Nachberichten nicht die frenetisch formulierten Veranstalterinformationen wiederkäuen zu müssen und meine Vorgesetzten mit einer gesunden Portion »Mich kann man nicht so leicht hinters Licht führen« zu beeindrucken. Damit habe ich sicherlich einigen Unrecht getan, aber es ist nun mal so: Verrisse schreiben sich schöner als Huldigungen. Einmal rief sogar Gunter Gabriel an, um mit der Dame zu sprechen, die behauptet hat, er sei ein Country-Zosse, der jetzt seinen von Bier geformten Oberkörper am Dschungel-Lagerfeuer wärmen müsse. Obwohl der Rest des Textes eigentlich sehr wohlwollend war.

Aber ich kann nix dafür. Wer mir einen perfekten Nostalgie-Trip verkaufen will, der muss sich schon sehr anstrengen. Ich kann mich zwar oft nicht erinnern, wo ich vor fünf Minuten mein Handy hingelegt habe, aber wie die 70er und 80er sich angefühlt haben, vergesse ich nie. Das gnadenlose Scheuern im Nacken vom Brustbeutel, in dem man immer Notgroschen zum Anrufen dabeihatte, das sich so anfühlte wie der Schlittschuh in der Werbung, der unbarmherzig Kratzer ins Eis schnitt, die man nur mit *Viss*-Allzweckreiniger vermeiden kann. Der Geruch einer Telefonzelle, der sich aus einer Mischung aus Urin, *Gard*-Haarspray und diesen verblichenen, dicken Adressbüchern zusammensetzte, bei denen immer die eine Seite fehlte, die man brauchte. Das Kratzen der Plattenspielernadel, bevor der erste Song auf der LP losging, die man sich vom Taschengeld gekauft und im Bus schon vor lauter Vorfreude das umfangreiche Booklet mit schwitzigen Händen zerknüddelt hatte. Allzeit betoniert und jederzeit abrufbar. Darum bin ich auch immer leicht pikiert, wenn mir was als Auseinandersetzung mit der Vergangenheit verkauft wird, was in Wahrheit nur dahingeworfene Retroromantik ist.

Neulich hat mich meine Freundin in einen Kinofilm geschleppt, der angeblich in den 80ern spielte und dessen Titel ich natürlich schon wieder vergessen habe. Eingeblendet wurde das Jahr 1982, zu sehen war ein Jugendzimmer mit einem *Duran Duran*-Poster, das nur die Mitglieder John Taylor, Simon Le Bon und Nick Rhodes zeigte.

Hätte die Requisite mal ein bisschen nachgeschaut – und das ist dank diesem Internet ja heute ziemlich einfach, hätte man gesehen, dass diese Formation erst 1986 zustande kam. Und vier Jahre können eine lange Zeit sein. Für mich war es, was diese Band anging, die Talfahrt von grenzenloser Begeisterung (die wunderbaren ersten beiden *Duran*-Alben) über ungläubiges Kopfschütteln (*The Reflex* – viel zu mainstreamig!) bis zum entsetzten Abwenden (was für ein kranker Funk-Shit war bitte *No-no-no-torious*?).

Wo sind die Experten, wenn man sie braucht? Ich meine, bei *Bares für Rares* genügt ein Blick von Frau Rezepa-Zabel durchs Lupenglas, und sie sagt so was wie: »Dieser Ring wurde 1779 in der Rue de Fleur hergestellt, 1792 von einem nachlässigen Juwelier instand gesetzt und im Februar 1978 von einer Ingrid Quakenmöller in einem Pfandhaus am Hauptbahnhof Gütersloh abgegeben, um ihre 533 D-Mark Spielschulden zu begleichen!«

So eine schluderige Poster-Jahreszahlenpanscherei reicht mir, um mich nicht auf den Film einlassen zu können, zumal dann auch noch Formulierungen aufkamen wie »Wie geil ist das denn?«, was in den 80ern garantiert niemand gesagt hat.

»Jetzt sei doch nicht so pingelig«, raunte meine Freundin von der Seite, als ich vorschlug, das Kino vorzeitig zu verlassen. Sie ist jemand, der sich immer vollständig auf Dinge einlassen kann. Ich beneide sie wirklich darum. Sie kann wochenlang unter der Wolldecke in *Der Herr der Ringe* schmökern, sich in eine Welt voller Wesen mit dicken Füßen und knubbeligen Nasen entführen lassen und hat sogar mal angefangen, Elbisch zu lernen.

So einen Sinn für Eskapismus hätte ich auch gerne. Es ist nicht so, dass ich eine komplette Spaßbremse bin. Aber irgendwie kann ich meinen inneren Kritiker nie ganz stummschalten, wenn ich merke, dass mir neuartige Erlebniswelten übergestülpt werden, die mit meinen bisherigen Kulturerfahrungen brechen und die ich dann auch total deep erleben muss, weil im Werbetext steht, dass schon Millionen Menschen auf der ganzen Welt »Gänsehaut pur« hatten.

Neulich habe ich etwa in einem alten Hochofen in Dortmund die *Phoenix des Lumières*-Ausstellung über Gustav Klimt und die Wiener Sezession gesehen. Das ist ja jetzt das neue große Ding, Kunstmuffeln wie mir ans Portemonnaie zu gehen, die glauben, das berühmteste Bild von Dürer sei der »betende Hase«.

»Immersiv« heißt das Zauberwort, unter dessen Motto schon Werke von Claude Monet oder Frida Kahlo als multimediales Spektakel inszeniert wurden. Ich gebe zu, es war nicht unbeeindruckend, zu sphärischen Klängen inmitten eines Regens aus fallenden goldenen Blättern zu stehen, die auf Wände, Rohre und Fußböden projiziert wurden, und sich immer wieder neu zusammensetzende Bilder in XXL-Größe zu bestaunen, die ich bisher nur aus diversen Zahnarztwartezimmern kannte.

Aber trotzdem mischte sich bei mir ungefragt eine Stimme ein, die sich fragte: Ist das der richtige Weg? Können wir Kunst und Kultur nur noch konsumieren, wenn sie kübelweise über uns ausgeschüttet werden und die Ausmaße eines gigantischen Spaßbads haben? Knietief immersiv statt banal eindimensional?

Statt eine Woche auf die nächste Folge einer Serie zu warten, binge-watchen wir 24 Episoden an einem Wochenende. Wir gehen nur essen, wenn sich schon während des Aperitifs eine Kontorsionistin vom Kronleuchter herunterschwingt und zum Hauptgang eine Laienspieltruppe einen Agatha-Christie-Krimi inszeniert. Und wir gucken Kunst nur noch als raumfüllende Komplettinstallation mit Photo Booth am Ausgang, statt uns im städtischen Museum gemeinsam mit einer Reisegruppe aus Göttingen das Bild »Stillleben mit Fasan, Künstler unbekannt« im abgeblätterten goldenen Rahmen anzugucken.

Sich auf nur eine Sache zu konzentrieren, fällt uns immer schwerer. Das Leben ist kein Tante-Emma-Laden an der Ecke mehr, sondern eine riesige Shopping Mall mit gleißendem Licht, ständiger Musikberieselung und bunt schreienden Angeboten, die, oh Wunder, alle paar Meter durch überteuerte Massagesessel unterbrochen werden.

Beim Rausgehen nach der ABBA *Voyage* Show warteten am Ausgang TV-Kameras, die das Publikum nach seiner Meinung befragten: »Wow, das war, als ob sie wirklich da gewesen wären!«, stammelte eine Gruppe aus Mexico angereister junger Frauen, die dauernd diese komische Handbewegung aus amerikanischen Serien machten, mit der man sich angeblich Luft ins Gesicht fächert, um die Freudentränen aufzuhalten, die aber eher aussieht wie eine grobe Motorikstörung.

Ähm … NEIN! Es waren animierte Figuren, die durchaus Ähnlichkeit mit ABBA hatten. Zu keiner Zeit hatte ich das Gefühl, es mit echten Menschen zu tun zu haben. Dazu haben sich Frida und Agnetha viel zu oft angelächelt.

Aber offenbar geht es gar nicht um historische Genauigkeit.

Man möchte aus alten Flicken eine neue Patchworkdecke erschaffen. Eine Art marmoriertes Memorieren für die Massen. Diese Form von Wahrheitsverbiegung ist nicht nur legitim, sondern auch im Trend. Krimi-Fans staunten etwa nicht schlecht, als 2010 zum ersten Mal die BBC-Serie *Sherlock* lief, mit ihrem kühnen Mix aus staubig und surreal unsere Sehgewohnheiten brach und Erzählstrukturen aufs nächste Level hob. Das hat geklappt, denn der künstlerische Anspruch war genauso hoch wie Benedict Cumberbatchs Wangenknochen.

Die Frage sollte also nicht sein: »Ist es realistisch?«, sondern »Ist es gut?«. Letzteres legitimiert letztendlich den Mangel an Ersterem.

Die ständigen Rufe nach Authentizität bringen uns wahrscheinlich nicht weiter. Seit vierzig Jahren muss ich mir als Vegetarierin jetzt anhören, dass meine Haferflockenfrikadellen »aber nicht nach Fleisch schmecken«. Ich führe dann immer einen kleinen Rumpelstilzchentanz auf, weil es offenbar niemand begreift: Es geht nicht darum, dass es »schmeckt wie«, sondern dass es schmeckt. Und das tut es. Und wenn's dabei noch besser für Mensch, Tier und Planet ist, haben doch alle was davon.

Am Ende ist es wohl egal, wo man seine Aha-Erlebnisse sammelt, ob man stumpf vor einem Ölgemälde verharrt oder einen multimedialen Kunstregenschauer über sich ergehen lässt. Hauptsache, vor dem Ausgang kommt noch ein Museumsshop, wo man Radiergummis und faltbare Einkaufstaschen mit Klimt- oder Kahlo-Bildern kaufen kann, die man eh nie benutzen wird.

Und überhaupt, wird Wirklichkeit nicht langsam überbewertet? In einer Zeit, in der sich jeder sein eigenes Weltbild faltet, Glückskekszetteln mehr vertraut als wissenschaftlich belegten No-Fun-Facts und Make-up-Tutorials zeigen, wie man sich stundenlang schminkt, um am Ende *nude* auszusehen, ist die Realität oft nichts weiter als ein Stück Analogkäse. Spontan kommt mir dabei ein Bild in den Sinn, das die Absurdität der Situation ganz gut beschreibt: Ein Studienfreund von mir hat mal bei einem Fernsehsender gejobbt. Der musste bei einer Show um ungeklärte Kriminalfälle mit zehn anderen geringfügig Beschäftigten hinter dem Moderator in einer Reihe sitzen und so tun, als würde er telefonieren. Das Bild von einem Dutzend telefonierender Studienabbrecher beruhigte nämlich ältere Fernsehzuschauer ungemein. Es ließ und lässt sie wahrscheinlich heute noch glauben, dass sich ganz, ganz viele Menschen melden, die den rostigen Nagel aus dem Jahr 1984 auf dem Foto wiedererkannt haben und der skrupellose Sparkassenräuber aus Sprockhövel doch noch gefasst wird.

Darüber hinaus sollte die vorgetäuschte Geschäftigkeit das ständige Besetztzeichen in der Leitung rechtfertigen, das Zuschauer zu hören bekamen, die beim Sender anriefen und aufgebracht mitteilen wollten: »Nee, also den Typ mit der Strumpfhose aufm Kopf, den kenne ich nicht, aber die Hagendonks aus dem 3. Stock oben, die hören noch nach 23 Uhr immer so laute Stampfmusik, können Sie da nicht mal einen Streifenwagen hinschicken?«

Inzwischen ist der Hang zum perfiden Realitätssurrogat allerdings mehr als Rentnerberuhigung.

Auf einer ABBA-Fanseite im Internet stolperte ich kürzlich über ein Foto von Agnetha, das mit auffällig vielen schlimmen Herzchen-GIFs kommentiert wurde. Ein näherer Blick darauf erklärte, warum: Sie hatte zwei Körbchengrößen mehr, die Unterschenkel nahmen zwei Drittel ihrer Gesamtgröße ein und die Lippen sahen aus wie *Redlefsen*-Würstchen in der Doppelpackung. Viel zu spät habe ich gedacht: Ach, diese KI, die jetzt für jeden Deppen freigeschaltet ist, der sich seine verklemmten Fantasien in Farbe durch den Nadeldrucker im Kellerbüro jagen will!

Man könnte dazu nur achselzuckend wie Else Kling in der Buttermilch-Werbung behaupten: »Ja mei, wenn's schee macht!«. Es sind aber nicht nur dreiohrige Elefanten und sechsfingerige Influencer-Hände, gegen die H.R. Gigers Höllengemälde aussehen wie die Häschen-Schule, die solche KI-Bilder zu einem erschreckenden Phänomen machen. Agnetha kann noch mal von Glück sagen, dass der Bildschöpfer offenbar zu alt und unfähig war, um aus ihrem Gesicht per Deep Fake noch wie im Falle Taylor Swift einen selbst gebastelten Porno zu machen. Obwohl, vielleicht existiert so was schon, aber nur auf Seiten, auf die ich aufgrund von mangelnder Darknet-Erfahrung nicht draufkomme?

»Merkt doch jeder sofort!«, schreien da viele. Von wegen. Der kurze Moment, in dem ich das erste Foto für echt gehalten habe, ist der gefährliche. Kein Wunder, dass Schockanrufer Erfolg haben, wenn sie die Originalstimme von vierzehnjährigen Mädchen erschreckend echt faken und den Eltern weismachen, sie seien in einen Verkehrsunfall verwickelt. Es sind bereits die ersten Videos im Umlauf, wo Gesichter von vermeintlichen Opfern professionell über echte Unfallbilder gefrickelt werden, sodass zur Kasse gebetene Verwandte schon in einem kurzen Moment der Überrumpelung Haus und Hof verloren haben.

Noch glauben wir, unterscheiden zu können, aber wie lange noch? Agenturen werben schon damit, dass künstliche Influencer Wahlen beeinflussen können. Und als eine Reporterin für ihre *Y Kollektiv*-Reportage »Virtual Influencers – stehst du auf Fake?« ein KI-Programm mit Fotomaterial von sich füttern ließ, musste sie mit ansehen, wie das Programm daraufhin nicht nur automatisch die Nase verkleinert, die Zähne gebleicht und die Brüste vergrößert hat, sondern mit derselben anmaßenden Selbstverständlichkeit, mit der man in Newsletter eingetragen wird, die man gar nicht abonniert hat, eigenständig Nacktbilder generiert hat. Was die Reporterin natürlich sehr verstört hat.

In dieser Art von Software scheint zusammengekauert ein sozial ausgegrenzter Typ zu hocken, der, ähnlich wie der Urheber des weirden Agnetha-Fotos, angesprochen auf seine moralischen Bedenken nur schulterzuckend »Hey, ich wollte doch nur ein bisschen Spaß haben« stammelt und sich dann in Incel-Foren beschwert, dass moderne Frauen alle so wählerisch sind.

Selbst Wellensittiche raffen es, wenn man ihnen statt eines Artgenossen einen Spiegel in den Käfig packt. Aber wir verlieren nicht nur die Fähigkeit, sondern auch das Interesse, zu unterscheiden, frei nach dem Motto: Realität ist, was du draus machst!

Kein Wunder, dass die ersten Wissenschaftler behaupten: Gegen das, was die KI noch alles für uns bereithält, ist der Klimawandel gar nix!

Egal, ob das nun Panikmache ist oder nicht, ich war jedenfalls froh, als bei ABBA *Voyage* für einen Moment die Silhouetten der Mitarbeiter auf die große Leinwand projiziert wurden. Denn da wurde klar: Ja, es ist kalkulierte Gutfühlerei, es vermischt Altes und nie Dagewesenes, es kitzelt die Fantasie, lässt Grenzen verschwinden, spielt mit unseren Sinnen, aber es ist vor allem eines: von Menschen gemacht. Puuuh!

Da können sich auch Spektakel-Skeptiker wie ich drauf einlassen, die ansonsten lieber über die knarzenden Dielen in Goethes Studierzimmer in Weimar oder durch die Schlafgemächer in Charles Dickens' Wohnhaus in London schleichen, als die Wachsfiguren in *Madame Tussauds* mit der Echtheit von Menschen abzugleichen, die wir noch nie gesehen haben. Und solange das Sommerhaus auf Viggsö, in dem Benny und Björn Mitte der 70er-Jahre weltvergessen vor sich hinkomponiert haben, nicht für Besucher freigegeben wird, muss man halt nehmen, was die Memoryschaum-Industrie einem bietet.

Noch lieber sind mir aber Retro-Reisen, die schonungslos alles wiedergeben: The good, the bad and the ugly. Alte Tatort-Folgen, die so herrlich langsam geschnitten sind, dass sogar ich mitkomme. Bei denen man allerdings auch ertragen muss, wie die Polizeibeamten im Angesicht einer weiblichen Leiche sagen: »Schade, so ein hübsches Ding!«

Ein wohlig-wehleidiger Schauer jagt mir auch bei Retro-Werbeblöcken über den Rücken, wo *Nutella* als gesund verkauft wird und Frauen orgiastische Freude versprühen, weil die brandneue *WC-Ente* bis unter den Rand sprüht.

Und wer sich *ABBA: The Movie* gibt, bekommt nicht nur ein Feeling dafür, wie ABBA wirklich live und wie schlecht die Filmdrehbücher damals waren. Sondern auch dafür, was für eine beschissene Zeit die oft glorifizierten 70er-Jahre für die Band waren: Angsterregende Menschenmassen, kein Privatleben, gnadenloses Konzertpensum, respektlose Presse, sexistische Taxifahrersprüche.

So mischt sich in die wehmütige Erinnerung an furcht lose Föhnfrisuren und gnadenlos figurnahe Elastananzüge, an das berühmte ABBA-Picknick, das ich früher mit meinen Freundinnen immer im Garten nachgespielt habe, auch das Entsetzen darüber, dass bigotte Familienväter zu Wort kommen, die sich aufregen, dass »Agnetha einem ihren Hintern ins Gesicht hält« (Sorry, aber da wird ja jeder unbescholtene Mann förmlich gezwungen, sich das anzugucken, unmöglich!).

Auch wenn der Film eine weitere merkwürdige Ebene von Faktenverdrängung aufweist (den ABBA-Mitgliedern wurde erst gegen Ende der Dreharbeiten mitgeteilt, dass der irre Journalist, der ihnen quer durch Australien hinterherreist, ein Schauspieler ist, der in einen Dokumentarfilm eingebaut werden soll, von dem sie noch gar nicht wussten, dass es ihn geben wird), ist er letztendlich ein Zeitdokument.

Und solche werden meiner Erfahrung nach in einem Alter, in dem das innere Fotoalbum immer dicker wird und die eigene Erinnerung zu einem mentalen Miniatur-Wunderland verklärt wird, immer wertvoller. Nicht nur, damit man nicht in einen unreflektierten »Kindheit ohne Handy, ich war dabei!«-Modus abdriftet und dabei die Jugend mit genau den gleichen bräsigen Schimpfwörtern schlechtmacht, die man als einstiger Youngster nie hören wollte, sondern auch, um die Vergangenheit als solche mit all ihren Macken zu erkennen und sie sich trotzdem als Teil des eigenen Lebenswegs immer wieder gerne vor Augen führt – so weit es eben geht.

Was man früher augenrollend als »Omma erzählt wieder von früher« abgetan hat, wird auf einmal elementarer Bestandteil des Alltags; eine Art nie endender Erinnerungs-Nachziehstapel, bei dem man in seinem ganz eigenen Tempo Karten aufdecken kann so wie andere bewusste Atemübungen ausführen. Eine Art mentale Selbstbestimmung als Morgen-, Mittags- oder Abendroutine, mit der man wieder Kraft für die Anforderungen des immer kribbeliger werdenden Alltags schöpfen kann, nur ohne komische Nasengeräusche. So einen kleinen Kopfsprung in alte Zeiten kann man überall praktizieren: Im Arztwartezimmer (wo ja auch genügend jahrzehntealte Zeitschriften rumliegen, um den inneren Film zu starten), an der Ampel, beim Elternabend oder überall dort, wo man gerade ein kleines bisschen Realitätsflucht braucht.

Das Schöne daran: Frei nach dem Volkslied *Die Gedanken sind frei* kann die selbst kuratierte Erinnerung kein Mensch wissen und kein Jäger erschießen. Man kann sich, wann immer es einem beliebt, zurücklehnen, die Augen schließen, durch die Puppenstube der Vergangenheit tapsen, Türen genüsslich auf-, aber auch entschieden wieder zumachen.

Hey, das klingt doch richtig schön poppig-kitschig, warum haben ABBA eigentlich nie einen Song über die heilende Kraft des Erinnerns geschrieben? Ich kann ihn mir gedanklich schon richtig ausmalen:

Walk through the rooms inside your head
Open the door to the good (a-ha, so good)
Lock the doors to the bad (oh, so baaad!)
And if it makes you feel blue
Just tell your thoughts: We're through!

Gerade, als ich schon im Geiste mitsinge und mir überlege, ob das wohl ein rührseliger Reggae-Reim oder eine schonungslose Schunkel-Schmonzette sein müsste, knufft es mich in die Seite. Es ist kein Geringerer als ABBA-Obertexter Björn, der auf einmal neben mir steht und flüstert: »Hey, diesen Text haben wir nie geschrieben. Aber das ist doch völlig egal. Realität ist das, was du draus machst!«

Unterschätzte Schätze III

Die Folterkammer der Popmusik: *The Day Before You Came*

Stockholm, August 1982. Draußen saugten die Menschen die letzten langen Sommertage auf, aber in einem Studio auf der abgeschiedenen Insel Kungsholmen nahmen vier müde Menschen einen Song auf, der nicht weiter entfernt von dem zehn Jahre zuvor aufgenommenen Erstlingswerk *People Need Love* entfernt sein könnte.

»Sei möglichst gelangweilt!«, soll Björn zu seiner frisch von ihm geschiedenen Frau gesagt haben. Agnetha tat, wie ihr befohlen war, sang den Song, verließ angeblich beim letzten Take durch die Hintertür das Studio und ward Jahrzehnte nicht mehr gesehen. Mehr Drama geht nicht, und das gilt für diesen sagenumwobenen Abgang ebenso wie für diesen grandiosen Song.

Mit fragiler Stimme protokolliert die Sängerin darauf zu einer monotonen Melodie eine Daily Routine, die damals noch schnöde »Tagesablauf« hieß. Um acht aus dem Haus, im Zug die Zeitung lesen, im Büro Akten abackern und pünktlich um fünf den Griffel fallen lassen, um dem ereignislosen Tag abends bei Fernsehen und China-Takeaway ein glanzloses Krönchen aufzusetzen. Quasi eine Art »Morgens früh um sechs kommt die kleine Hex'« als Popsong, der mit verschrobenen Sätzen (»There's not I think a single episode of Dallas that I didn't see«) ein lustloses Leben beschreibt, bevor mit einem Knall ein neuer Typ ins Leben der Vortragenden springt, um dieses offenbar gehörig auf links zu ziehen.

Auf den ersten Hörer ist der Text ein triviales Herumgemansche in der Grütze des eigenen tristen Daseins: Eine Frau wabert im Vakuum ihres Lebens zombiemäßig herum, wird jedoch in letzter Minute noch von einem Superman gerettet, bevor sie im Sumpf ihres sinnlosen Seins ertrunken wäre.

Auf den zweiten, vor allem durch unsere heutige in Sachen Geschlechtergerechtigkeit geschärfte Sichtweise, könnte man sogar sagen: Absolut passive Frau, die aus Eigenantrieb rein gar nichts an ihrer Misere ändern will, wird erst wieder happy, als ein Mr X in ihr Leben tritt – Selbstwirksamkeit am Arsch, mir geht es schlecht, und ich warte nur darauf, dass irgendein vorbeireitender Prinz mich aus meinem Elend raushievt. Groschenroman-Sujet par excellence, na danke schön!

Wenn man den Song jedoch mit allen seinen Komponenten auf sich wirken lässt, wird schnell klar: Das Ding ist ein Meisterwerk.

Ein Jahr nach dem schon sehr düsteren Album *The Visitors* erschienen, komprimiert er praktisch die ganze Dramatik dieses Albums in einen Song.

Was diesen so überragend macht? Zunächst einmal ist da dieser Text, der seine Genialität aus dem zieht, was er nicht erwähnt. Wir erfahren bis ins kleinste Detail, was die Protagonistin an besagtem Tag (und wohl auch an vielen anderen davor) quasi ferngesteuert erledigt hat, bevor Mr Irgendwer aus dem Nichts in ihr Leben sprang. Nur: Wie das vonstattenging und was diesen ominösen Typen so besonders macht, erfahren wir nicht. Ist er der in diversen Arztromanen herbeigesehnte Traumboy – gutsituiert, humorvoll, charmant, mit Segelschein und Armgelenkhandtäschchen aus Nappaleder? Eine zufällige Begegnung vor dem Supermarktkühlregal, bei der zwei Hände sich beim gleichzeitigen Griff nach einer Singlehaushaltsportion Nasi-Goreng unbeabsichtigt streiften? Oder ist es am Ende doch nur die in *Honey, Honey* etwas plump beschriebene, vor Manneskraft schwindelig machende »Love Machine«?

Wir wissen es nicht. Und genau das ist der Kunstgriff. Der Text besticht vor allem durch das, was er nicht sagt. Und das bringt uns fast um den Verstand!

Eine der beklemmendsten Szenen der Serie *Killing Eve* funktioniert nach einem ähnlichen Muster: Profi-Killerin Villanelle soll aus einer Gefangenen, die auf einem Stuhl gefesselt in einem im Wald versteckten Schiffscontainer hockt, die Namen irgendwelcher Hintermänner herausbekommen. Die mit allen Wassern gewaschene russische Auftragsmörderin betritt den Container, die Tür schließt und nach ein paar Minuten kommt sie mit erfolgreich abgeschlossener Mission wieder heraus.

Am Ort des Geschehens sehen wir nur eine auf dem Boden liegende Kette und eine sichtlich mitgenommene Gefangene, die »Monster!« stammelt. Was jedoch in dieser geheimen Folterkammer passiert ist, bleibt im Dunkeln.

Und genau das macht die Szene so stark, denn sie stachelt unsere Fantasie an: Was zum Henker hat sie mit ihr gemacht? Wir wissen, es ist nichts Gutes, aber das Ungewisse lässt uns heftiger erschaudern als jede explizite Darstellung abgetrennter Körperteile oder psychischer Gewalt.

Genau wie wir uns in *Der Pate* extrem vor dem skrupellosen Marlon Brando gegruselt haben, obwohl wir nie erfahren haben, was jenes ominöse »Angebot, das er nicht ablehnen kann« eigentlich beinhaltete.

Aber nicht nur das Nicht-Wissen im Song sorgt für eine subtile Unheilsahnung, auch die kunstvolle Inszenierung des scheinbar Normalen, hier die Aktivitätenaneinanderreihung, erzeugt böse Vorahnungen und wohliges Schaudern zugleich, wie wir es aus Aktenzeichen XY kennen. Wenn wir hören: »Es schien wie ein ganz gewöhnlicher Dienstagmorgen, als Else P. sich wie immer um acht Uhr ihr Käsebrot schmierte«, dann wissen wir, dass es ihr gleich im Hals stecken bleiben wird. Nach demselben Prinzip wirkt ein Halunke auf der Filmleinwand noch furchterregender, wenn er bei der detaillierten Ankündigung seiner Gräueltaten genüsslich einen Apfel schält, sich über Quarter Pounder mit Käse unterhält oder im Falle Brandos eine Katze streichelt.

Einen ähnlichen Effekt erzielen die popkulturellen Referenzen. Das lyrische Ich guckt *Dallas* und liest Bücher von Marilyn French »or something in that style«. Dass eine extrem instabile Frau ausgerechnet Literatur der angesagtesten Feministin jener Zeit »oder so was Ähnliches« liest, ist ein kleiner gemeiner Seitenhieb, den der in seiner späten Phase durchaus genial zu nennende Lyriker Björn einfach mal rausgehauen hat, zumal das Wort Shitstorm damals ja noch gar nicht erfunden war. Wir wollen es ihm nachsehen und das Werk nicht Jahrzehnte später umschreiben wollen.

Aber nicht nur das Zusammenspiel von bedrohlich und alltäglich funktioniert hier so trefflich. Was die Creepiness auf ein bisher ungekanntes Level bringt, ist die Symbiose von Text und Musik.

Da wäre zunächst die fast schon unverschämte Länge von fünf Minuten und fünfzig Sekunden, weit weg von den knackigen radiokompatiblen Dreiminütern. Allein diese ist schon eine Allegorie auf den sich endlos ziehenden Hamsterrad-Alltag der bemitleidenswerten Wiederholungstäterin.

Fast vollends elektronisch (nur andeutungsweise sind Gitarre und Schlagzeug zu vernehmen) hat man sich deutlich an die Synthpop-Helden der frühen 80er wie *Depeche Mode* und *Soft Cell* angelehnt, mit seinem hektischen Beat ist der Track auch nah an Blancmange, deren *The Day Before You Came*-Cover später zumindest in England ja noch erfolgreicher werden sollte als das Original.

Das hektische Elektro-Stakkato im Hintergrund, nicht

zuletzt durch den erstmalig eingesetzten Drum-Computer, beschwört ein Dauer-Getippe auf diversen abgewetzten Tastaturen herauf, wie es trostloser in der Kfz-Zulassungsstelle Oer-Erkenschwick nicht sein könnte. Gekrönt wird es von einem unnachgiebig repetitiv geflöteten *tüddelüt, tüddelüt*, quasi dem Signature Sound des Songs, der vielleicht ein nerviges Telefonklingeln symbolisiert, wahrscheinlicher aber noch die unentrinnbare Monotonie eines durchgetakteten Alltags. Wir bekommen also sowohl textlich als auch musikalisch einen einprägsamen Eindruck des zutiefst zermürbenden Lebens, das die Vortragende bis dato erleiden musste.

Ein weiterer Clou ist die konsequente Anwendung der Devise »weniger ist mehr«. Gesanglich zieht Agnetha längst nicht alle Register ihres Könnens – eine clevere Parallele zum elliptischen Text. Auch hier hat das, was sie nicht preisgibt, die meiste Strahlkraft.

Es gibt auch keinen Refrain, das titelgebende *The Day Before You Came* wird lediglich fast schon ein wenig trotzig als beiläufige Feststellung an jede Strophe angehängt. Dafür hört man Frida im Hintergrund sirenenhaft herumsäuseln.

Genau dieses kunstvolle Verweben aus gesungenem Alltagsfrust und pointierten opernhaften Einwürfen macht die Theatralik aus.

Benny hat mal die Genialität von *The Winner Takes It All* damit beschrieben, dass der Song auf einem sehr simplen Prinzip beruhe, nämlich zwei kurzen Melodien, die sich immer abwechseln. *The Day Before You Came* treibt es auf die Spitze. Ein und dieselbe Melodie wird minimal changierend gnadenlos wiederholt. Einen Höhepunkt sucht man vergebens. Kein Gefühlsausbruch wie das fast schon schmerzhaft langgezogene letzte »takes it oooooohll« (das viele mittelalte Frauen ja gerne mal ungehemmt vor dem Spiegel intonieren, wenn sie sich alleine wähnen, während Männer mit Haarkranz bei jedem Erklingen von *In The Air Tonight* ja bekanntlich immer zwanghaft die einsetzenden Drums ungelenk nachahmen).

The Day Before You Came ist sozusagen das bessere *The Winner Takes It All*: einfach, aber packend und mit vielen offenen Fragen.

Für Benny ist es der beste ABBA-Song, und so hat er dem Werk sogar ein Plätzchen auf seinem Soloalbum *Piano* von 2017 zukommen lassen, das nur wenige ausgesuchte ABBA-Songs enthält. Die nicht weniger eindringliche Klavierversion wäre perfekt für einen in Schwarz-Weiß gedrehten französischen Autorenfilm: Die lieblich dahinplätschernde, aber dennoch irgendwie bedrohliche Melodie beschwört vor dem geistigen Auge des Hörers mit Leichtigkeit eine lungenkranke Supermarktkassiererin herauf, die in ihrer Nachtschicht mit einem fünfundzwanzigjährigen Burschen, der sich nur schnell ein paar *Gauloises* kaufen wollte, eine amour fou beginnt und auf einem Gabelstapler erst in den Sonnenuntergang und dann gegen die Wand fährt. Gute Songs erkennt man eben daran, dass sie auch noch funktionieren, wenn man sie auf ihr nacktes Gerüst reduziert.

Kommen wir nun aber zum interpretatorischen Gipfel

der Erkenntnisse und bilden wir einen Höhepunkt, der dem Lied fehlt: Verbindet man nun Text- und Musik-Ebenen, ergibt alles plötzlich einen anderen, bedrohlicheren Sinn: Die Lesart »Frau steht kurz vorm Burnout, dann kommt Typ und alles ist wieder eitel Sonnenschein« scheidet nämlich auf einmal aus. Und wie mit einem »Heureka, ich hab's« wird klar: Moment mal! Mr Right ist ja Mr Wrong! Da geht's gar nicht um eine erlösende Liebe, die den Alltagstrott beendet. Es geht um etwas sehr Unheilvolles!

Denn wer mit einem Knall die große Liebe findet, der wimmert nicht so erbärmlich von der Zeit davor, sondern hakt das bis dato eher ereignisarme Leben wahrscheinlich einfach ab und feiert das Jetzt. Stattdessen kündigt sich das Gruseln praktisch in jeder Strophe an.

»I must have …«, singt Agnetha, »ich muss wohl … das und das gemacht haben.« Genau weiß sie es nicht mehr, und das liegt nicht nur daran, dass sie ihren schnöden Alltag hinter sich gelassen hat. Es ist ganz offenbar irgendetwas Schlimmes passiert, das ihr Erinnerungsvermögen stark einschränkt. Hat man das begriffen, bekommt der Song eine tiefe Traurigkeit, gegen die *Watership Down* fast wie eine Folge der *Rappelkiste* wirkt.

In einem Interview beschreibt Benny, dass Björn beim Schreiben eine »emotional aufgeladene Begegnung mit einem Mann, die nicht glücklich enden sollte« im Sinn hatte: »Er hat sie vergessen, und ihr Leben ist wieder zurück an dem Punkt angelangt, wie es gewesen sein muss, bevor sie ihn traf.«[44]

Das öffnet natürlich Tür und Tor zu wilden Spekulationen: Vielleicht war der geheime Unbekannte, der im Video ja immerhin Zeitung liest, eine Kontaktanzeigen-Bekanntschaft, die sich als Freak herausgestellt hat, etwa ein irre lächelnder Pullunderträger mit akkuratem Seitenscheitel, der in einem Geheimzimmer Porzellanpuppen sammelt, denen er Namen gibt?

Kühne Mutmaßungen hin oder her, man interpretiert sicher nicht zu viel, wenn man feststellt, dass die Botschaft »Es gab ein Leben vor dir und eines nach dir« ebenso auf die ganze ABBA-Historie zutrifft. Nicht nur alles im Leben der Singenden war anders, bevor ER kam. Das Leben der Bandmitglieder war anders, bevor mit ABBA der Durchbruch kam. Und ABBA waren anders, bevor sie diesen Song machten.

Wenn man sich den Auftritt im *Show-Express* mit Michael Schanze so ansieht, wo Agnetha verloren auf der Bühne rumsteht (der Rest wurde erst später langsam per Drehbühne reingeschoben) und es keine Berührungspunkte mehr gibt, besteht eigentlich kein Zweifel mehr, dass der harte Cut bereits vollzogen war.

Und noch etwas Unheimliches umwölkt dieses Lied: Es war die letzte gemeinsame Aufnahme von ABBA. Hernach gab es keine Pressekonferenz, kein Statement und kein Abschiedskonzert. Auch die Band legte einen starken Abgang hin, indem sie einfach nichts sagte. Denn für so eine Doppelbödigkeit braucht man Mut, Reife und eine gewisse »Scheißegal, ob das jemand versteht, wir lassen das jetzt so!«-Haltung. Nach dem Motto: »Wir sind dann mal weg, aber hier ist noch ein Song, macht damit doch, was ihr wollt.« Sinnfragen zum Text ließen sie stets unbeantwortet, was die Mysteriösität ins Unerträgliche steigert.

So wird der Song wohl ein ewiges Geheimnis bleiben, ganz wie *Hotel California* von den *Eagles*, die ja durch konsequente Deutungsverweigerung klug zur Mythenbildung beigetragen haben.

Aber *The Day Before You Came* ist mehr als ein Buch mit sieben Siegeln: Es ist ein Lehrstück in Sachen eleganter Abgang. Gekonnt und mit wenig Drumherumlabern. Denn welcher Song hätte sich besser für eine unausgesprochene Trennung geeignet, als noch mal einen so cleveren und fast schon unverschämt doppelbödigen Song rauszuhauen, bevor man vierzig Jahre bis zur Reunion vergehen lässt?

Fast schon tragisch, dass der Zeitpunkt denkbar ungünstig und die Popwelt noch nicht reif war für derartige Raffinessen: Charttechnisch war die Single eine Enttäuschung, in den heiß umkämpften englischen Charts erreichte sie nicht mal die Top 30. *MTV* war gerade gestartet, die Leute wollten braungebrannte Poser sehen, die in Designeranzügen auf Yachten Saxofon spielen und keine traurigen Menschen in schummrigen Zugabteilen.

Erst Jahre später ist den Kritikern die Brillanz der Komposition aufgefallen, einige verglichen sie gar mit den Werken klassischer Meister. Kein Wunder, selten vorher wurde Unheil so subtil musikalisch heraufbeschworen.

Und sogar als Alltags-Knigge kann man dem Lied noch was abgewinnen, denn was lernen wir daraus? Wer meisterlich rüberkommen will, sollte die Kunst der Andeutung beherrschen! Wir merken uns also: Statt beim Ärgern in Schimpftiraden zu verfallen, einfach mal gekonnt die Augenbraue hochziehen. Macht Eindruck, garantiert! Oder an einem Dienstagabend den Liebsten mit gepacktem Weekender begrüßen und mysteriös säuseln: »*Booking.com* hat mir ein Angebot gemacht, das ich nicht ablehnen konnte!«

Kurz, wer als spannendes Individuum wahrgenommen werden will, sollte sein Gegenüber einfach nie so genau wissen lassen, was Sache ist, und ruhig mal ein bisschen vage bleiben. Aber nicht übertreiben, denn wer dabei allzu bärchengesichtig dreinschaut, gleitet schnell ins Scholzen ab.

Übrigens, der Container aus *Killing Eve* ist inzwischen an Fans der Serie versteigert worden. Wahrscheinlich sitzt jetzt irgendein Nerd darin, streichelt Porzellanpuppen, hört *The Day Before You Came* und wird langsam, sehr langsam verrückt. Tüddelüt, tüddelüt.

Nerdfutter:

Kult-Faktor:
Agnethas blauer Lidschatten im Video zum Song. Da kann auch die Gaby-Dohm-Gedächtnisfriese und der Tchibo-Trenchcoat das Gesamtbild nicht mehr zerstören.

Fun Fact:
Der Arbeitstitel für diesen Song lautete *Suffering Bird*. Das wäre aber wohl echt zu viel gewesen, denn gelitten wird hier schon genug.

Wann sollte man den Song hören?
Wenn man sich mal wieder so richtig im Selbstmitleid suhlen will, monotone Arbeiten im Haushalt ausführen muss – oder, der Klassiker: beides gleichzeitig.

Mottoparty From Hell: Saturday Fight Fever

Ich mag Partys. Wirklich. Nur nach der letzten Zusammenkunft mit meinen retrobegeisterten Freunden war ich ein wenig ... sagen wir mal: emotional aufgewühlt, wie mein am nächsten Tag notdürftig zusammengewürfeltes Erinnerungsprotokoll dokumentiert.

Samstag, früher Abend

Seit vier Monaten klebt sie nun schon am Kühlschrank. Die Einladung zur Retro-Party von Bernd und Sanni. Ein mit einer professionellen Design-App gestaltetes Druckwerk, das auch für eine hippen neuen Klamottenladen in Berlin-Friedrichshain werben könnte. In lolliartig ineinander verlaufenden Farben in Orange und Grün sah man in der Mitte ein Foto der beiden. Sie mit Sternchen-Sonnenbrille, er mit Seitenscheitel-Perücke.

Dazu den Spruch:

Die Fete steigt am dritten Mai
Mit Fliegenpilz und Toast Hawaii
Nach Bier und Happa Happa
Kommt Abba und auch Zappa

»Von ABBA bis Zappa« – das fand ich schon immer so unlustig wie den Aufdruck »von 8 bis 99 Jahre« auf Spieleschachteln. Wie kann man nur ABBA und Zappa vergleichen? ABBA hatten zwei Dutzend Hits, von ZAPPA kennt man nur das Klo-Poster. Man wirbt im Restaurant doch auch nicht mit »Von Aal bis Zuckerschote«!

Aber gut. Die Partys bei Sanni und Bernd sind immer legendär. Das letzte Mal haben wir so lange gefeiert, bis sich fast alle ausgezogen und im Koi-Karpfenteich der Nachbarn Apnoe-Tauchen gemacht haben.

18.30 Uhr

Wir machen uns ausgehfein. Ich habe mir auf einen weißen Schlafanzug mit Stofffarbe eine blaue Katze aufs Oberteil gemalt. Sie sieht ein bisschen aus wie ein Erdferkel, aber der Wille zählt. Dazu weiße Lackstiefel, auf denen ich unfreiwillig herumeiere wie John Cleese im Ministry Of Silly Walks. »Lass gut sein, oder gibt es was zu gewinnen?«, sagt mein Mann, der als konsequenter Kostümverweigerer nur Jeans und T-Shirt trägt. Mit viel gutem Willen könnte man seinen Look als dressed down denim oder Hommage an Colt Seavers durchgehen lassen.

19.00 Uhr

Wir klingeln pünktlich an der Haustür. Die Zeiten, in denen Partys um 20 Uhr anfingen und keiner vor 22 Uhr kam, weil man nicht der Erste sein wollte, sind zum Glück vorbei.

Die Wohnküche von Sanni und Bernd gleicht einer Explosion im Deko-Lager. Girlanden winden sich um Lampions, die fast bis zur Unkenntlichkeit in Luftschlangen gewickelt wurden. Ein mit Alufolie bespannter Paravent zeigt Poster von Abba, John Travolta oder Harpo. Frank Zappa sucht man indes vergebens. Wusst' ich's doch! Die Boxen des Dual-Plattenspielers lassen *Yes Sir, I Can Boogie* verlauten, jenen in einen Hispanenglisch-Sprachunfall verpackten Euphemismus für »Lass uns Geschlechtsverkehr haben«. Manfred und Elke sind schon da. Elke hat sich für ein Outfit irgendwo zwischen Gloria Gaynor und einem Plastikweihnachtsbaum entschieden, Manfred trägt ein Shirt mit der Aufschrift: MANNI! MANNI! MANNI! ALWAYS FUNNY!!! Nach und nach trudeln immer mehr Leute ein, deren Outfits eine unheilvolle Liaison aus Woodstock und *Woolworth* bilden.

19.30 Uhr

Auf dem Wohnzimmertisch werden Geschenke ausgepackt.

»Hier, ich habe euch was Tolles mitgebracht«, sagt Sannis Arbeitskollegin Kerstin. »Ein selbst zusammengestelltes Müsli. Das ist irre, da kannst du im Internet einfach angeben, wie viele Haferflocken, Rosinen oder Nüsse du willst und dann füllen die dir das genau so ab!«

»Wahnsinn!«, sagt Sanni. »Was es alles gibt!«

»Wahnsinn!«, sage ich und denke mir: Gib mir eine Tüte Haferflocken, Rosinen und Nüsse von Aldi und ich fülle dir genau so viel ab, wie du willst. Für zwei Euro statt 22,90 plus Versand.

Dann kommen die Nachbarn, deren Namen ich immer vergesse. Sie haben sich schwarze Perücken aufgesetzt und Motorrad-Overalls an. Beide sind kalkweiß, er hat einen schwarzen Stern ums linke Auge, sie hat komische Zacken auf der Stirn und hechelt mit der Zunge wie Claudia Obert vor dem Gratis-Sekt-Tablett.

»Geil, ihr geht als AC/DC!«, ruft Manfred. Mein Mann zieht nun beide Brauen gefährlich hoch und rollt mit den Augen, dass man es hören kann. Ich binde mir verschämt den DIY-Kimono zu.

»Hier für euch«, sagen die beiden, die wir als Retro-Pros natürlich sofort als Paul Stanley und Gene Simmons identifizieren, und legen einen glitzernden Umschlag hin. »Gutschein für einen Hatha Yoga Kurs. Zur Entspannung!«

»Die Frage ist nur: Hatta Yoga oder hatta Rücken?«, ruft Manfred und klopft sich vor Lachen über seinen eigenen Witz auf die Schenkel. Im Prinzip hätte er das T-Shirt mit dem Verweis auf seine Humorlosigkeit echt nicht gebracht. Mein Mann geht mit dem Satz »Ich geh flippern«, der natürlich besser klingt als »Ich will hier nicht mit Leuten sitzen, die AC/DC und KISS nicht unterscheiden können«, ins Nebenzimmer, wo ein Original *Captain Fantastic* Kneipenflipper zur Feier des Tages von acht Kilo Bügelwäsche befreit wurde.

Ich packe unser Geschenk aus der Tüte. Es hat die leider unverkennbare Form einer LP. »Geil, ne CD!«, ruft Funny-Manni. Bernd packt es aus und ist den Tränen nahe. »Wow! Eine Original *Tubular Bells* von 1973, mit Original-Autogramm von Mike Oldfield! Kinder, die kostet ja ein Vermögen! Daaaanke!«

»Warum ist die denn so wertvoll?«, will Sanni wissen.

»Er hat nur einmal eine LP signiert«, kläre ich sie auf, »ein zweites Mal wurde er nicht gefragt.«

Wir setzen uns an den bunt dekorierten Tisch mit Pfirsichbowle, Fliegenpilz-Eiern und Toast Hawaii. Eigentlich eine Beleidigung für den Inselstaat Hawaii. Ich kann mir nicht vorstellen, dass das dortige Nationalgericht aus einer Scheibe altem Weißbrot besteht, über das man eine beim Auspacken kaputt gegangene *Scheiblette* krümelt und das Ganze noch mit einer überzuckerten Dosenkirsche verhöhnt, bevor es in den portablen Mini-Ofen gesteckt und dort vergessen wird. Das wäre ja fast so als würde man glauben, die Deutschen pressen Schlachtabfälle in Naturdarm und verkaufen die Matsche mit einer indischen Gewürzsoße als Nationalheiligtum?

20.00 Uhr

»So, zum Aufwärmen mal ein paar Spiele«, sagt Sanni und legt ein Quiz der 70er- und 80er-Jahre auf den Tisch.

»Welche vier Schweden landeten 1974 einen Hit mit …«

»ABBA!«, rufen alle rein.

»Stimmt nicht!«, ruft Elke. »Es waren nicht vier Schweden, sondern drei Schweden. Frida kommt aus Norwegen. Weiß doch jeder!«

»Wer hatte 1973 einen Hit mit *Can The Can*?«

»Suzi Quatro!«, ruft Manfred. »Die fand ich immer geil! Und die passt heute noch in ihren Leder-Overall, hattse neulich in der Schart-Show gesagt!«

Elke verdreht die Augen. Ich war sicher, sie würde jeden Moment »Es heißt Tschart-Show und nicht Schaat-Show!« sagen. Stattdessen kam nur ein beleidigtes »Wie, und ich passe nicht mehr in meine Hosen von früher rein oder wie? Guck dich doch mal selber an, Mampfred!«

Manfred schaut auf sein T-Shirt, auf dem im Sitzen nur in der Mitte »ann ann ann unn« zu sehen ist.

Sanni, als Lehrerin immer auf Konfliktlösung bedacht, lenkt sofort ab und startet ein anderes Spiel mit Kommunikationsfragen. Diese Art Party-Quiz für Leute, deren Smalltalk-Skills bei der Frage »Habt ihr gut hergefunden?« aufhören.

»Was wolltest du werden, als du klein warst?«, fängt sie an.

»Reich«, sagt Elke. »Und schön«, kichert Manfred hinterher.

Elke zieht die Augenbrauen hoch und spießt die Cocktailkirschen in ihrer Bowle auf wie eine Voodoopuppe.

»Ein empathisches Wesen, das seinen Mitmenschen auf Augenhöhe begegnet,« flötet Sanni.

»Agnetha!«, sage ich.

»Ich fand ja immer Frida besser!«, schießt Elke sofort von der Seite rein.

Ja, war klar, denke ich. Hauptsache dagegen.

Nach zwanzig Minuten erfahren wir, dass Heiner Angst vor Spinnen hat, Claudia lieber nach Teneriffa möchte als nach Tadschikistan und Monikas größte Angst ist, ohne faltbaren Einkaufsbeutel in der Tasche das Haus zu verlassen.

»Och, das ist doch langweilig, lass mal was anderes spielen«, schlägt Kollegin-Kerstin vor, »drei Dinge! Jeder sagt drei Dinge, die er angeblich mal gemacht hat, aber von denen nur eine Sache wahr ist.« Sie schaut mich auffordernd an. Ich überlege lange und geheimnisvoll und sage dann »Bankraub, Entführung, Hund vergiftet.« So große Augen habe ich das letzte Mal gesehen, als ich der Bäckereiverkäuferin gesagt habe: »Ich brauche keine Tüte für den Hefezopf, den esse ich direkt!«

20.45 Uhr

Mitten in das peinliche Schweigen dreht plötzlich jemand die Musik auf. Wie aufs Stichwort rennen Bernd und Sanni in die Mitte. »Wir haben da mal was vorbereitet«, ruft Sanni. »Wir? Du!«, murmelt Bernd fast unhörbar.

Sie stellen sich auf eine mit Glitzerband umklebte Europalette und sagen sich selbst an: »Auf der Startnummer vier, die Spitzenreiter der letzten Woche, bitte nicht wiederwählen: Sanni und Bernd!«

Dann fangen sie an, zum Playback *Immer wieder sonntags* zu singen. Alle sind aufgerufen, nach »kommt die Erinnerung« ein heiteres »dibbidibbidippdippdipp« einzuwerfen, welches leider klingt wie ein »Depp Depp Depp, Johny Depp Depp Depp Depp« aus den playaschorlengetränkten Kehlen eines Bielefelder Kegelvereins auf Malle. Bernd scheint sich irgendwie unwohl zu fühlen und kommt damit dem Original sehr nahe.

»Cindy und Bert waren ja auch beim Grand Prix 1974 in Brighton dabei«, referiert Elke.

»Wer will das wissen?«, blafft Manfred.

»Stell dir mal vor, die hätten gewonnen. Dann würden wir jetzt fünfzig Jahre *Die Sommermelodie* feiern.«

Manfred setzt zu einem »Musst du immer alles besser w-« an, aber um erst gar keine Diskussion aufkommen zu lassen, legt Sanni schnell *Dancing Queen* auf den Plattenspieler und winkt mich auf die Tanzfläche, die sich aus dem ergab, was zwei zurückgeschobene Sofas an Platz zulassen, und folgte der amtlichen Dance-Routine für diesen Song:

♫ Bei »You are the …« mit dem ausgestreckten Arm auf die jeweils neben einem tanzende Frau zeigen, die wirklich schon sehr lange keine Siebzehn mehr ist

- ♫ Bei »You can dance, you can jive« lautstark mitsingen, obwohl man gerade das Gegenteil demonstriert
- ♫ Feststellen, dass der Pyjama von *Temu* nicht dazu geeignet ist, hemmungslos die Arme in die Luft zu werfen, und unauffällig den Weg ins Gäste-Bad suchen

Auf meinem Weg durch den Flur kann ich nur erahnen, was gerade auf dem Tanzboden abgeht, denn ich höre die Klänge von AC/DCs *Thunderstruck*, jener in archaische Choralgesänge verpackten Einladung zum Testosteron-Turnen für Männer ab fünfzig, bei dem man eine imaginäre Senioren-Instruktorin sagen hört: »So, wer seine Arme noch bis gaaanz nach oben in den Himmel recken kann, wo die Vögelchen fliegen, der gibt uns jetzt ein lautes ›Tsan-Da! Haha haha haha haaa-ha‹.«

21.00 Uhr

Ich gehe aufs Gäste-WC und bekomme zum Glück nur die Soundkulisse des Angus-Young-Luftgitarren-Contests mit, der jetzt sicher gerade auf dem Ikea-Flokati steigt. Als ich die Tür schließe, merke ich, dass ich froh über den kurzen Moment der Isolation bin. Ich nehme mir eine Haarbürste aus dem Utensilio und halte sie mir vors Gesicht. Meine Reflexion im Spiegel erinnert leider wenig an eine singende Agnetha, sondern ist eher eine traurige Referenz an Nancy Faeser beim Trockenshampoo ausbürsten.

War's früher wirklich besser? Oder einfach nur anders scheiße? Das frage ich mich, während ich die Poster an den Wänden abscanne: Baccara, The Rubettes, The Teens. Viele Mittelscheitel, Röhrenjeans und Blicke, die sagen: Wir sind jung, wir sind cool, wir haben das Leben noch vor uns, aber bald werden wir alle mit offenem Hosenstall »Haha, haha, haha-hä-ha!« grölen und Psycho-Spiele spielen, die der Beginn einer Ehekrise sein könnten und Eiersalat und Tomatenpilze auftischen, weil wir denken, es dämmt unsere Zukunftsangst, wenn wir uns in die Vergangenheit flüchten? Es füllt unser visionäres Vakuum, wenn wir uns in unseren Jugenderinnerungen suhlen, als ein Pfund Haferflocken mit zwei Rosinen noch nicht zwölf Euro achtzig gekostet hat und die schwierigsten Entscheidungen noch hießen: *Nogger* oder *Flutschfinger*? *Geha* oder *Pelikan*? ABBA oder Zap- hach, jetzt wäre ich fast drauf reingefallen. Die Frage hat sich wirklich nie jemand gestellt. Aber hey, was soll schon wieder diese Sinnfragen-Suppe in meinem Schädel, haben wir nicht in diesen verzweifelten und verhärteten Zeiten eine kleine Reminiszenz an unsere Jugend verdient, in der »hart feiern« noch »ein bisschen Spaß muss sein« hieß? Mit diesem Spirit ziehe ich ein paar Tesa-Strips von der Wand, ruiniere damit ein Poster des geldgeil grinsenden Denver-Clan-Casts und komme mit notdürftig festgeklebter Ärmelnaht entschuldigend lächelnd (wie jedes weibliche Wesen, das eine Toilettentür aufschließt) heraus, um dem müden Mob mal ein bisschen Feuer unterm Arsch zu machen.

21.20 Uhr

»Are you ready, Steve?«, rufe ich und lege *Ballroom Blitz* von Sweet auf. »All right fellas, let's gooo!« Was jedoch keinen von der Wohnzimmerschicksalsgemeinschaft beeindruckt, die alle nach einer einzigen Stromgitarrennummer so fertig sind, dass sie wie zusammengefallene Dominosteine auf der Clubgarnitur hängen.

»Ich muss die Füße hochlegen!«, ächzt Kerstin. »Dabei habe ich mir extra so bequeme Comfort-Schuhe gekauft.« Sie wirft ihre Glitzer-Skechers in die Ecke und massiert ihre Füße.

Auch so ein Ding. Die ersten *Skechers*, das ist ein Initiatonsritus wie die ersten *Adidas Allround*, allerdings für Postjugendliche.

Ich tue so, als würde mir der Anderthalb-Zentimeter-Absatz meiner Lack-Boots nichts ausmachen und wippe wild mit meinen blonden Haaren, während die Beine fest auf dem Boden angegossen sind, weil jeder Move schmerzt wie ein aus dem Boden emporfahrendes Excalibur-Schwert.

21.30 Uhr

Anouk und Aurora, die neunzehnjährigen Zwillinge von Sanni und Bernd, kommen in engen Hotpants und bauchfreien Tops die Treppe heruntergestakst.

»Wir gehen noch feiern«, flöten sie gleichzeitig. »Wollten eigentlich hier noch ein bisschen vorglühen«, sagte Aurora. »Aber bei euch ist ja nicht so die Partystimmung«, sagt Anouk und deutet auf das festgewachsene Paar in der DIY-Dance-Area, das sich seit Minuten regungslos zu *I Am Sailing* gegenübersteht. Der gute alte Klammerblues. Früher war der Tanzpartner ein Testzentrum für prä-koitales Tätscheln, heute nur noch eine Festhaltevorrichtung, um selbst nicht umzukippen.

»Ähm, wie wär's mit einem SingStar-Duell?«, schlägt Sanni vor. Ich schiele auf die ABBA-DVD und denke mir: Yes, die mache ich alle fertig hier!

Bernd fummelt mit dem Mikrofonkabel rum wie seinerzeit Bernhard Brink in der ZDF-Hitparade. »Scheiße, irgendwie kriege ich die Mikros nicht angeschlossen.«

»Du musst erst einen Benutzernamen angeben«, sagt Elke.

Bernd tippt in circa zehn Minuten mit dem Zeigefinger ein: »BERNIE_BAR68. Mist, wo ist denn das ›ä‹?«

Er geht zurück und löscht das ganze Wort.

»Das kann dauern«, nuschelt Sanni genervt.

»Na, dann singen wir einfach so!«, sagt Kerstin und sieht die Tracklist auf der Rückseite der DVD durch. »Wohderlu, nanananananananana«.

»Ähm. No«, grätsche ich genervt von der Seite rein. Es heißt nicht »nanananananananana«, sondern »I was defeated, you won the war«. Was Elke kann, kann ich schon lange.

»Ganz schön creepy lyrics«, sagt Anouk, »ich meine, diese Kriegsmetaphorik.«

»Das Lied ist fünfzig Jahre alt«, erwidere ich entschuldigend.

»Na und? Das ändert nichts an der Tatsache, dass es um psychischen Missbrauch geht. ›Ich habe mich ergeben. Du hast den Krieg gewonnen. Ich könnte nicht fliehen, selbst wenn ich wollte.‹«

»Und die Anspielung auf eine Schlacht, die über achtzigtausend Opfer gefordert hat, ist menschenverachtend«, ergänzt ihre Schwester.

»Waka, waka, Woke-Gegacka«, lallt Manfred und schiebt sich einen prall belegten Exquisa-Cracker in den Mund. Ich fürchte, den Spruch hat er von einem grauslig layouteten Facebook-Meme aus einer Gruppe, die »Wir haben noch draußen gespielt bis die Laternen angingen, ätschi-bätsch« oder so ähnlich heißt und die im Wesentlichen darin besteht, sich gegenseitig zu bestätigen, was für ein toller Kerl man ist, weil man früher ohne Hintergedanken *Winnetou* geguckt und Sarotti-Schokolade gegessen hat und später auf dem Bau malocht hat, bis die Bandscheibe im Arsch war, wie es sich für einen anständigen Deutschen gehört.

»ABBA wollten mit dem Text auf den Sieg Englands anspielen und sich bei der Jury einschleimen«, versuche ich zu beschwichtigen und gleichzeitig unauffällig mein Halbwissen einfließen zu lassen. »Hat nicht geklappt, die englischen Juroren gaben 0 Punkte.«

»Na ja, irgendwo haben die Kinder einen Punkt«, mischt sich Sanni in bestem Sozialarbeiter-Sprech ein, den man daran erkennt, dass sie »irgendwo« meinte, aber »örgendwo« sagte.

»Wenn wir jetzt den Jugoslawien- oder Ukrainekrieg

als Kulisse für einen Popsong nehmen würden, wäre das Geschrei groß. Aber nach 200 Jahren sind die Einzelschicksale egal.«

»Darum geht's doch gar nicht, Mama«, sagt Aurora.

»Psychischer Missbrauch als fancy Popsong, das geht gar nicht!«, erklärt ihre Schwester. »Was die Frau singt, ist nichts anderes als eine Verherrlichung des Patriarchats.«

»Was hätten sie denn sonst singen sollen?«, versucht Kerstin zu beschwichtigen, »für mich warst du nur so ein random dude, aber dann hast du mich aus meiner comfort zone geholt und mich voll geflasht?« Die Zwillinge verdrehen die Augen zu einem genervten »Ihr checkt es einfach nicht!«.

22.00 Uhr

Bernd fummelt immer noch mit den Mikros rum. »Scheiße, ich kriege das irgendwie nicht hin. Könnt ihr nicht mal … Ihr seid doch didschi, däschi … didschital neitifs?«

»Nö, keine Zeit«, flöten beide, ziehen ihre Jacken über, stecken sich noch ein paar Weintraubenspieße ein und ziehen mit einem »Guckt euch doch so ein Tutorial auf *YouTube* an. Gibt's auch in leichter Sprache« von dannen.

»Ja ja, die jungen Leute von heute«, faselt Manfred. »Kein Respekt mehr. Die stehen in der Straßenbahn nicht mal auf.«

»Woher weißt du das?«, will Elke wissen, »wann fährst du denn Straßenbahn?«

»Na, ich fahre Auto! Und da kann ich doch in die Straßenbahn reingucken!«, entgegnet er und zieht sich den letzten durchgesuppten Käsecracker rein, um nicht noch kühnere Ausreden fabrizieren zu müssen.

»Ja ja, früher haben wir unsere *Kreidler Florett* frisiert«, sinniert Sanni, »heute sind wir zu blöd, um so ein Scheiß-Mikro anzuschließen.« Ungeduldig starrt sie zum Fernseher, wo zum gefühlt hundertsten Mal mit einem unangenehmen Warnton die Meldung »Mikrofon konnte nicht kalibriert werden« erscheint, und zu dem im Schneidersitz davor kauernden Gatten, der sich schon sehr lange nicht mehr zu Wort gemeldet hat.

Die Luft ist zum Schneiden. Bei *Der Gott des Gemetzels* wäre das jetzt die Stelle, wo Kate Winslet das Handy ihres schwadronierenden Gatten in die Tulpenvase wirft.

Bernds Mundwinkel fangen an zu zucken. »Was willst du denn NOCH?«, setzt er leise an, um dann mit steigender Lautstärke und ebensolcher Verzweiflung fortzufahren: »Ich habe drei Tage das Haus aufgeräumt, fünf Tabletts mit Schnittchen geschmiert und Gurken mit der Sternchenform ausgestochen, die ich erst mal aus den Weihnachtskisten in unserem Self-Storage-Lager herauskramen musste, monatelang LPs auf dem Flohmarkt besorgt, die bekloppte Cindy-und-Bert-Nummer geprobt, aus dem Nudelsalat deiner Mutter mit den Händen die Frühlingszwiebeln herausgezupft, weil ich im Gegensatz zu ihr seit dreißig Jahren weiß, dass du die nicht verträgst! Und jetzt sagst du vor allen Leuten, dass ich ein Schlappschwanz bin, nachdem unsere Kinder mich bereits als

Technik-Deppen hingestellt haben? Und wenn wir schon mal dabei sind: Ich wollte die beiden Astrid und Andrea nennen, wie sich das für anständige Mädchen gehört, und DU hast sie einfach A-nuuuk und Au-rooohra genannt! Anouk, das klingt wie eine Allwetterkapuzenjacke und Aurora … das ist eine Mehlsorte!«

Alle Anwesenden rühren krampfhaft mit ihren Bowle-Spießchen in ihren Gläsern herum, während Boney M. *Ra-Ra-Rasputin* singen, und starren übertrieben auf den matschigen Bodensatz, als würden sie daraus die Zukunft lesen wollen. Oder zumindest den Fortgang des Monologs.

Gene und Paul sehen mit ihrem schwindenden Schminkunfall inzwischen inzwischen beide aus wie die Viertelfinalisten in einem Drag-Contest in Wipperfürth. Sie nutzen die allgemeine Verwirrung, um scheinbar unbemerkt Reste des Retro-Buffets in ihre mitgebrachten Tupperdosen zu schmuggeln. Aus dem Bügelzimmer erklingt von Fern das »klack, klack« des Flipperautomaten.

22.15 Uhr

»Ich kann nich' mehr«, sagt Bernd mit zitternder Unterlippe, »ich gehe jetzt nach oben.« Alle sehen ihm hinterher, wie er resigniert die Treppe zum Schlafzimmer hochschleicht, untermalt von einem Kratzer auf der Schallplatte, der erbarmungslos in das peinliche Schweigen ein unaufhörliches »Russia's greatest love machine, Russia's greatest love machine …« einprasseln lässt.

»Na dann: gute Nacht, John-Boy!«, sagt Elke.

»Gute Nacht, Mary!«, antwortet irgendein auf einem Sitzsack kauernder Hawaiihemdträger.

»Es gab keine Mary«, pflaumt sie. »Es gab nur eine Mary-Ellen.«

Manfred stellt entschlossen sein Bowle-Glas auf den Tisch. »Weißt du, was ich an dir hasse, Elke?«, fragt er und alle gucken ihn mit offenem Mund an, weil jeder im Raum die Antwort ahnt: Manne hat die Schnauze voll von Elkes notorischer Klugscheißerei und würde jetzt und hier eine Szene veranstalten. Alle lehnen sich zurück, einige nehmen sich genüsslich ein paar Nüsschen in die Hand, um der sich anbahnenden Kinski-Imitation beizuwohnen, andere stellen schon mal die Smartphone-Kamera an, als Manfred im Duktus eines Dreijährigen leise verlauten lässt: »Dass du immer die *After Eight* Täfelchen aus der Packung nimmst, aber die Papiertütchen drin lässt. Dann denke ich immer, da ist noch eins drin, greife rein, und …« Er wirft den Kopf in den Nacken und aus seinem offenen Mund hört man nur ein lautes CHHHRRR, während ein durchsichtiges Rinnsal sein Kinn hinunterläuft.

22.25 Uhr

Sanni kickt die überall herumliegenden Schuhe zur Seite und bahnt sich ihren Weg zum Plattenspieler, wo sie äußerst unsanft das Vinyl vom Drehteller nimmt und hektisch eine andere Scheibe auflegt, und alsbald schwängern monotonne Klänge einer Sandmännchen-Spieluhr den Raum. Es hört sich an, als hätte jemand eine Scheibe Schmelzkäse auf die Platte gelegt.

»Was ist das denn?«, fragt Kerstin. »Das klingt ja grauenvoll.«

»*Tubular Bells*, Mike Oldfield«, erklärt Elke mechanisch.

»Da kann man doch nicht zu tanzen!«, wundert sich Kerstin.

»Eben!«, sagt Sanni.

Immerhin eine weitaus innovativere Rausschmeißer-Nummer als *Wer hat an der Uhr gedreht?*

»Tubular Hells Bells!«, sagt Manfred, der für eine Sekunde das Bewusstsein wiedererlangt an, bevor er den Kopf wieder zurück aufs Cordkissen knallt.

»Sorry, ich hab' mich wohl ein bisschen verflippert«, kommt mein Mann ins Wohnzimmer und lässt den Blick über die reglosen bunt gestreiften Körper schweifen. »Was ist denn hier los? Mittagsruhe im Seniorenheim? War schon die Polonaise?«

»Ich weiß nicht, wie es so weit kommen konnte«, schluchzt Sanni mir bei der Verabschiedung ins Ohr.

»Hm, ich glaube, es war die emotional herausfordernde Situation zwischen Vergangenheitsbeweihräucherung und Akzeptanz der eigenen Endlichkeit, die heute Abend alle so aufgeladen hat«, versuche ich mich an einer Erklärung, die sie akzeptieren würde.

»Quatsch«, lallt Elke, »es war der Nuuhlsalat«, während sie Manfred die Treppe herunterhilft, der leise, aber beharrlich stammelt: »Tsan-da!«

22.45 Uhr

Wir sitzen zu Hause in der Küche und schmieren uns ein Brot.

»Puh, bin ich froh«, sage ich.

»Worüber?«, fragt mein Mann.

»Dass wir noch vor elf ins Bett kommen. Und dass wir unsere Kinder damals doch nicht Aranca und Amarula genannt haben.«

Lust an der Langsamkeit: What's Another Forty Years?

Ich bin mit dem Begriff »kleines Wunder« vorsichtig. Er klingt wie eine kitschige Geburtsanzeige, die mit den Worten beginnt: »Tipp, tipp, tipp, jetzt geh'n zwei Füßchen mit – über das kleine Wunder freuen sich Bertram, Ilse, Shanice-Joaney-Laney und Marvin-Larvin-Darwin.«

Aber dass die Ex-ABBA-Mitglieder, die immer behauptet haben, erst müsse die Hölle zufrieren, damit sie sich überhaupt mehr als dreihundert Meter aufeinander zubewegen, auf einmal sagten »wir sind dann mal wieder da!«, ist kaum als etwas anderes zu bezeichnen.

Zu oft haben sich fette Überschriften, die ein »unerwartetes Comeback« verlauten ließen, als herbe Enttäuschung erwiesen, weil man nach endlosem Runterscrollen dann neben einer Anzeige für Kneipp-Kuren lesen durfte, dass *Bucks Fizz* nach achtzig Jahren wieder aus ihren Erdlöchern herausgefräst werden, um den fehlenden Restbetrag für den heimischen Treppenlift einzuspielen.

Als aber Ende 2021 die Meldung kam »ABBA nehmen neues Album auf«, stand die Welt kopf.

Es gab bis dato wenig, auf das man auf der ganzen Welt vergeblich gehofft hatte. Cat Stevens hat sich mal

28 Jahre Zeit gelassen für ein neues Album, auf das die Welt eigentlich nie gewartet hat. Eine RAF-Terroristin ist unlängst nach dreißig Jahren gefasst worden. Ach ja, und Deutschland ist nach 41 Jahren wiedervereinigt worden. Alles Kurzmeldungen im Vergleich zur angekündigten ABBA-Studio-Reunion, die nicht zuletzt so spektakulär war, weil wir verlernt haben, in langen Zeitabschnitten zu denken (»Oh, Corona ist vorbei? Was mache ich jetzt mit dem neu angeschafften Komodowaran?« – »30 Grad im März? Och, Schatz, lass mal wohin fliegen, wo es kühler ist!«).

All die Jahre hatten sie uns immer nur kleine Bröckchen hingeworfen. Erst das »Last Video« mit seltsam deformierten Gummipuppen. Hier mal ein Fototermin zu *Mamma Mia! Das Musical* (meistens ohne Agnetha), wackelige Bilder zu einem *The Way Old Friends Do*-Gesinge auf einer privaten Party.

Im Mai 2017 dann die nebulöse Ankündigung, es gäbe zwei neue Songs. Ein Jahr später wurde man konkreter und nannte die Titel: *Don't Shut Me Down* und *I Still Have Faith In You*. Bis die Welt sie zu hören kriegen würde, sollte es noch bis zur weltweit übertragenen Pressekonferenz am 2. September 2021 dauern, wo man auch gleich mit den News über das neue Album und die ABBA Arena in London um die Ecke kam.

Knapp vierzig Jahre bis zum nächsten Album und vier Jahre von der Ankündigung bis zur Veröffentlichung zweier neuer Songs – das ist mal ein Spannungsbogen! Der Song *Just A Notion* hatte sogar satte 43 Jahre in der

Schublade gewartet, bis er endlich auf dem Comebackalbum *Voyage* veröffentlicht wurde.

Auf einmal waren die Medien überschwemmt von Bildern: ungewöhnlich nahe Porträts, die die Mitglieder mit so was wie Prilblumen verkabelt bei der Anfertigung der ABBAtare zeigten, was irgendwie an die Breakdance-Ausgabe der ZDF Mitturn-Sendung *Enorm in Form* in den 80ern erinnerte. Momentaufnahmen von lachenden ältlichen Herrschaften in gedeckten Farben im Stockholmer Studio.

Fans fielen sich in die Arme wie Lourdes-Pilger, die plötzlich wieder gehen können. Der *Manufactum*-Spruch »es gibt sie noch, die guten Dinge« schien sich auf einmal zu bewahrheiten und nicht mehr nur auf überteuerte Rasierpinsel aus echtem Echsenhaar zu beziehen.

Die Messages, die sie damit verbreitet haben, waren allesamt kalenderspruchtauglich: »Es ist nie zu spät!«, »Zeit heilt alle Wunden!«, »Man ist nie zu alt, um zu tun, was man liebt!« oder auch »Verschiebe nie auf morgen, was du auch übermorgen noch erledigen kannst.«

Davon abgesehen, dass sie mit den neuen Songs und dem darauffolgenden *Voyage*-Album wahrscheinlich die Welt vor einer Pandemie-Starre, in der uns einzig das Backen von Bananenbrot leichte Glücksgefühle beschert hat, bewahrt haben, steckt dahinter doch eine sehr coole Methode: Die Wiederentdeckung der Langsamkeit. Wäre das nicht mal eine nachahmenswerte Masche, die uns allen ein wenig mehr Leichtigkeit in den straff geplanten Alltag bringen könnte?

Natürlich hat nicht jeder das finanzielle Polster, um vierzig Jahre lang auf seinem üppigen Anwesen in der Schweiz oder auf den Schäreninseln von seinen Tantiemen zu leben.

Und nicht alle Has-Been-Popstars können darauf hoffen, nach so langer Zeit überhaupt noch eine Schlagzeile außerhalb der Sanitätshaus-Beilage zu bekommen.

Aber mal ehrlich, wäre die Methode »wir sind dann mal weg und kommen erst wieder, wenn wir Bock haben, und wenn's vierzig Jahre dauert« nicht mal eine Lebensanschauung, die uns allen guttun würde? Frei nach dem Motto: Wer zuletzt macht, macht am besten?

Wir leben in einer Zeit, in der keiner mehr welche hat.

Unter fünfsekündigen Videos steht ein fetter Hinweis »unbedingt bis zum Ende gucken«, und für einen Besuch im Lieblingscafé um die Ecke müssen wir inzwischen Time Slots buchen. Wir kramen unser piependes Handy ganz unten aus der Tasche raus, um dann die Eilmeldung zu lesen: »In Brunsbüttel wird jetzt samstags der Briefkasten im Volkspark nicht mehr geleert!«

Niemand hat Muße, einen Hefeteig eine Stunde gehen zu lassen, weil in dieser Zeitspanne der geplante Nusszopf schon seinen Must-have-Faktor an einen »life-changing cinnamon bun with mind-blowing chili-vanilli frosting« abgegeben haben könnte.

Und wer an der Supermarktkasse Schweißausbrüche kriegt, weil man acht Arme braucht, um die vom Personal in Sekundenbruchteilen über den Scanner gezerrten Sachen in den Einkaufswagen zu schmeißen, findet leider in den Selbstscannerkassen auch keine Erlösung: Entweder, man lässt sich hier eine Sekunde zu viel Zeit, um den Barcode zu suchen, und das Display mahnt »wollen Sie den Vorgang wirklich abbrechen?«, oder man wird von seinem Hintermann direkt zur Seite gefegt, der seinen Kartoffelsack schon auf die Waage legt, wenn wir unseren Bon noch gar nicht ausgedruckt haben. Und die Meldung, dass *ALDI Süd* demnächst Kassen ausprobiert, an denen zwei Kunden gleichzeitig abgefertigt werden, damit man links schon mal drei Vorratspackungen Klopapier in den Wagen wuchten kann, während rechts die alte Frau Kleinmöller noch nach den letzten Centstücken sucht, macht mir ehrlich gesagt Angst.

Wenn etwas lange dauert, ist es gleich »zeitraubend«.

Dabei wird gar nichts geraubt. Außer der Fähigkeit, Zeit einfach vergehen zu lassen.

Selbst beim Entschleunigen sind wir überfordert und bekommen schon Schweißperlen auf der Stirn, wenn es im Wellness-Studio bei der Ankunft heißt: Möchten Sie lieber die Rücken-Nacken-Buckel-Massage für 39,90 für sechzig Minuten, das Aloha-Quinoa-Mud-Pack für 19,90 pro angefangener Viertelstunde oder das All-you-can-relax-Paket, bei dem Sie sich einfach 22 Minuten in die Jauchegrube hinterm Haus legen und dabei drei Meter Luftpolsterfolie auf Rolle ploppen lassen?

Und dann kommen unsere alten Schweden daher, wirken so entspannt wie nie und sagen uns: Ätschi-bätsch! Geht alles viel leichter! Nimm dir einfach mal Zeit, wenn's sein muss, ein paar Jahrzehnte!

Guter Ansatz. Warum müssen die Dinge immer bis vorgestern passieren, kann man nicht auch mal sagen: »Schöne Idee, fragen Sie mich doch in zwei Jahren noch mal dazu!«?

Als man in diversen Dokus über die Studiosession sah, wie Frida und Agnetha sich offenbar lustige Dinge auf ihren Smartphones zeigten und lachten, wurde erst mal klar, wie viel Zeit eigentlich vergangen war. ABBA und Telefonieren, da denkt man doch sofort an *Ring Ring* und das dazugehörige PR-Bild mit dem riesigen roten Wählscheiben-Telefon. Als ABBA das letzte Mal im Studio waren, gab es noch VHS und ein paar einsame *Betamax*-Recorder, *Dolomiti*-Eis kostete fünfzig Pfennig, Nachrichtensprecher hatten die gleiche Autorität wie der *Persil*-Mann und die bahnbrechendste Erfindung des Jahrzehnts waren *Softis*, die flauschig-weichen Taschentücher aus der Tüchertasche.

Aber nicht nur Langsamkeit sollte uns als leuchtendes Vorbild dienen. Auch die nicht zu übersehende »Uns ist egal, was die Leute von uns halten«-Attitude ist eine nachahmenswerte Geisteshaltung. Denn im Social-Media-Zeitalter als lebende Legende neuen Stoff in die Welt zu werfen, ist schon eine mutige Leistung, auch wenn Benny nicht nachkam, zu betonen, dass sie keinem mehr was beweisen müssen.

Die Zeiten, in denen es hieß »entweder der Song kommt in die Top Ten oder nicht«, sind längst vorbei. Im Moment des Erscheinens, das musste ihnen klar sein, würde nicht nur jeder Kritiker, sondern auch jeder Content Creator und jede Katzenpsychologin eine Meinung haben und diese wenige Sekunden nach Erscheinung ungefragt ins Netz spucken. Fan-Foren würden heißglühen, die Kanäle verstopft sein mit Reaction-Videos, in denen Oleg aus Olpe oder Trudi aus Toronto sich Kopfhörer aufzieht und nach dreieinhalb Minuten sagt: »Oh, ein neuer ABBA Song. Cool! Ich verlinke Euch auch mein Rhabarber-Crumble-Rezept!«

Kritiker würden so tun, als hätten sie schon immer gewusst, dass ABBA a) überbewertet oder b) immer noch unerreicht sind (je nach dem, welche Meinung gerade auf Twitter so trendet), im Frühstücksfernsehen und in goldenen Blättern würde jedes graue Haar, jede Falte, jede bekleidungstechnische Entscheidung medienübergreifend ausgeweidet. Und so war es ja dann auch.

Falls ABBA gehofft hatten, dass die Presse jetzt netter zu ihnen sind, mussten sie feststellen: Nope.

Da gelten für alle die gleichen Regeln: Pink wurde neulich in einem Interview zu ihrem neuen Album als Erstes gefragt, was sie von Madonnas neuem Gesicht hält. Und BBC-Moderator Colin Paterson sprach Benny und Björn tatsächlich auf ihre »berühmtesten Scheidungen der Popgeschichte« an, in der Hoffnung, ein wenig Gossip abgreifen zu können, die Benny zum Glück souverän ausbremste: »Ich habe noch nie mit jemandem über meine Scheidung gesprochen. Außer damals mit Frida.« Schwedische Höflichkeit zu einem Blick, der sagte: »Bescheuerte Frage, Dude, noch so eine und wir sind raus hier!«

Kein Wunder, hatten die Frauen als Bedingung für das

ganze *Voyage*-Ding gefordert: »Wir singen, ihr macht die Interviews!«

Auch der ewige Sängerinnen-Contest sollte kein Ende haben. Bewertet wurden wieder nur die Damen (»Ihre Stimmen sind deutlich reifer geworden« – ja, normal!). Man hätte auch schreiben können, dass Benny nicht mehr so flink am Klavier ist und Björn auch schon mal geschmeidiger Gitarre gespielt hat. Aber manche Dinge ändern sich halt auch in vierzig Jahren nicht.

Vor diesem Hintergrund stellt sich manch einer die Frage: Was, wenn ABBA weitergemacht hätten? Da geht natürlich ordentlich Kopfkino los. Ich sehe da immer eine Art Tragikomödie vor mir, wie neulich, als ich ein Konzert einer ABBA-Coverband besucht habe. Die Band saß nach der Show noch im Foyer, um Autogramme und Selfies anzubieten. Das Interesse war aber eher mau, und so schlichen die Leute beschämt mit zwei Meter Abstand zu dem Merch-Tapeziertisch an den tapfer grinsenden Musikern vorbei. Ihre Gesichter sagten nur eins: »Entweder ihr kommt jetzt und kauft unser Programmheft oder ihr geht einfach! Aber dumm rumstehen und gucken, wie wir mit zerlaufenem Make-up aussehen, das macht man nicht!« Das war irgendwie entwürdigend. Eine Frau in Schöffel-Allwetterjacke und hochgegelter Igelfrisur stakste zum Tisch und sagte: »Sänk ju, Frida.« »Frida« sagte nur: »Oh, I'm Agnäta.« »Björn« guckte auf sein Smartphone, wo in Hattingen noch was geht. Ob ich ihm sagen sollte, dass jetzt nur noch der *REWE to go* aufhatte? »Benny« winkte die Leute zu sich ran. Aber die Handvoll »Jetzt lass uns aber schnell machen, es ist schon nach Zehn!«-Heimwärtswoller, die vor dem Stand vorbeischlichen, sahen gerade, dass die übriggebliebenen Brezeln verschenkt wurden und rauschten deshalb mit entschuldigender Miene vorbei.

Was, dachte ich mir bei diesem Anblick, wenn ABBA weitergemacht hätten und jetzt selbst hier säßen wie eine der hundert ABBA-Nachmacher? Wären sie wirklich noch diese überlebensgroßen Kult-Kolosse, wenn sie die ganze Zeit präsent gewesen wären? Wären die Alben beinahe unmerklich immer schlechter geworden, wäre das Interesse langsam abgeflaut und hätten sie sich gar bei *Kändisdjungeln*, der schwedischen Ausgabe von *Ich bin ein Star, holt mich hier raus!*, vom Zaster locken lassen?

Sich rarmachen ist eine Tugend, und in der Popwelt, in der manche 25 neue Songs pro Woche raushauen, um nicht vergessen zu werden, auch ein Wagnis. ABBA haben also alles richtig gemacht. Und sie haben vorgesorgt. In weiser Voraussicht oder auch als späte Entschuldigung haben B & B jedem der »girls«, wie sie die beiden immer so charmant nennen, einen eigenen starken Song gegeben und diese gleichzeitig veröffentlicht. So wie man seinen Kindern beiden ein Eis kauft, damit Ruhe ist (oder wie man bei uns im Ruhrgebiet sagt: »damit keiner Herz am Bluten hat!«).

Beide Songs illustrieren darüber hinaus die gemischte Gefühlstüte, die einen als Künstler bei einer solchen Wiedergeburt befallen dürfte. In der soliden Ballade *I Still Have Faith In You* fragt sich eine zaghaft säuselnde Frida offenbar: Hab ich's noch in mir? Kann ich's noch? Will ich noch? Kann ich euch Jungs vertrauen, dass wir uns mit dem Comeback nicht bis auf die morschen Knochen blamieren? Die Antwort lautet natürlich: Ja, sicher. Die bittersüße Melodie der gemeinsamen Erlebnisse haut's am Ende raus, die Zeile »wir brauchen einander wie Kämpfer im Ring« lässt die Angespanntheit vergangener Jahre in einer sanften Wattewolke der späten Einsicht aufgehen.

Ein Liedtext wie eine Lebensbilanz, den man ungeniert wie eine Pressemeldung rausgeben darf: So, meine Damen und Herren, manches war gut, manches war scheiße, noch Fragen oder war's das? Und nein, wir hegen keinen Groll, haben Sie denn die Zeile »It all comes down to love« überhört?

Für das Drama ist ganz nach alter Väter Sitte wieder Agnetha zuständig. *Don't Shut Me Down* ist die Essenz eines typischen ABBA-Songs: Holpriges Englisch (»This wooden bench is getting harder by the hour«, aua!), ein unsicheres Kieksen in der Stimme, ein schunkeliger Beat, opulente Harmonien, und nicht zuletzt ein emotionales Thema mit viel Raum für Spekulationen.

Der Text beschreibt die leicht irritierende Version einer Protagonistin, die bei Tagesausklang im Park leicht stalkermäßig in die alte Wohnung des wohl längst Verflossenen hochschaut und am Ende einfach kühn an dessen Tür klingelt: »Ta, daa! Und, watt sachze gezz?« Irgendwie rührend, aber irgendwie auch ein bisschen unangenehm (hätte man nicht vorher anrufen können?).

Der Song verklausuliert mit merkwürdigen Tech-Metaphern nicht weniger als die Message »ich bin nicht mehr die nachtragende einsame Kameliendame von früher, ich hatte Zeit genug, um zu reflektieren« – und wer würde da nicht sofort an Agnetha denken, die lange Zeit aus ihrer Bitterkeit keinen Hehl gemacht hat? Es geht aber offenbar nicht nur um die Frage: »Wie wirst du wohl reagieren, wenn ich plötzlich vor der Tür stehe? Schmeißt du mich raus oder machst du Kaffee?«, sondern vielleicht spielte hier auch ein bisschen die Angst der Songschreiber bei der Re-Rekrutierung mit rein. »Was sagen wohl Agnetha und Frida, wenn wir sie nach so langer Zeit fragen, ob sie ein paar Songs aufnehmen wollen?«

In zahlreichen Interviews erzählten Benny und Björn: »Wir haben sie angerufen und sie haben zugesagt!« Ob das alles so einfach war, wie es klingt? Oder doch ein schuljungenhaftes »Mach du das besser, ihr wart mal verheiratet« – »Ach nee, du kannst so was besser, hier ist die Nummer!« mit im Spiel war? Hach, da hätte man wirklich gerne Mäuschen gespielt.

Das Thema »plötzliches Wiedersehen nach irre langer Zeit« ist indes kein neues Motiv in der Popwelt. Meistens waren es eher nervige Lieder wie Lionel Richies gefühlsduseliges *Hello* oder das dümmliche *»Du, entschuldige – i kenn' di«* von Alpen-Maffay Peter Cornelius. Dagegen wirkte Howies *Hello Again* schon fast wohltuend, und Adele darf ja ohnehin alles singen, auch so thematisch abgelutschte Themen wie »Hello, da bin ich wieder!«

Die Message »ich hab's vermasselt und es tut mir leid!«

aus dem Munde von Agnetha, die es jahrzehntelang aushalten musste, von der Presse zum Sündenbock für das ABBA-Aus gemacht worden zu sein, klingt fast wie ein Schuldeingeständnis, das sie gar nicht nötig hat. Jeder weiß ja, dass alle vier Anfang der 80er einfach den Kaffee auf hatten. Natürlich, es ist nur ein Songtext. Aber das war *The Winner Takes It All* auch. Haben die Songschreiber ihr also wieder einen Text mit Metaebene untergejubelt? Ist der Bewohner des Apartments am Ende das Unternehmen ABBA und sie geht jetzt mutig die Treppen hoch und sagt theatralisch: »Ich bin nicht mehr die, die du kanntest. Die Erkenntnis hat leider was länger gedauert?«

Die Spannung wird nicht gelöst, die Reaktion des Gegenübers bleibt auf ein karges »Bitte bleib doch« reduziert. Und mehr wollen wir auch gar nicht wissen, nur zum Augenblicke sagen: »Verweile doch, du bist so schön!«

So sei es also dahingestellt, ob es ein gnadenlos kitschiger Text oder eine späte Selbstreflexion ist, fest steht jedoch, dass das Lied und die ganze Comeback-Szenerie genau die Sehnsüchte der Fans bedient, die sie all die Jahre geplagt hatten. Ob die Gallaghers sich die Visagen einschlagen oder die Pochers sich jetzt öffentlich hassen, ist uns so was von egal. Selbst dass die Pippi Langstrumpf-Darsteller nicht mehr on friendly terms sind, haben wir überwunden. Aber Frida und Agnetha sollen gefälligst BFFs sein! Die erste Frage, die *Google* bei der Eingabe beider Namen formuliert, ist »sind Agnetha und Frida noch befreundet?«. Und auch darauf gaben sie uns Antwort: Frida bezeichnete Agnetha als »meine kleine Schwester«, und wir bekamen in den vielen TV-Clips immer wieder die Szene vorgeführt, als beide in einer Studiopause ausgelassen herumalbern. Für ABBA-Fans war das DER Moment. »I have a dream!«? Öh, meinetwegen. »Mr Gorbatschow, tear down this wall!« Lang-wei-lig! »Großer Schritt für die Menschheit?« WTF! Denn all das ist doch nix gegen Fridas Aussage: »It was like coming home again and having fun with my little sister!«[45] Da kann aber mal jedes Katzenvideo einpacken!

Wir ABBA-Fans haben bekommen, was uns lange verwehrt war.

Wir wollten doch nur ein bisschen Frieden. Wir wollten uns vergewissern, dass ABBA nicht im Streit auseinandergehen. Sichergehen, dass die Welt noch mal zu Lebzeiten vor ihnen den Hut zieht und sie nicht verarmt und vergessen sterben müssen wie Vincent van Gogh. All das haben wir gekriegt, dazu noch neue Musik, neue Bilder, ein paar Interviews und ein Show-Spektakel. Das ist mehr als ein kleines Wunder! Was Geringeres kann das heißen als: Es ist auf Erden noch nicht alles verloren? Vielleicht kann man den Klimawandel doch noch stoppen? Das Rätsel um Stonehenge lösen? Gemüsenetze erfinden, an denen das Preisschild nicht immer abgeht?

In gewisser Weise haben sie uns auch die Angst vor der Wucht der Zeit genommen. Wunden heilt diese vielleicht nicht. Aber gleich der Erkenntnis eines Bochumer Barden »es ist okay, es tut gleichmäßig weh« lernen wir vielleicht alle mit den Jahren, das Leben mit all seinen Schmähungen, Gemeinheiten und dem ganzen Kleingedruckten, das einem am Anfang keiner gesagt hat, auszuhalten, und sich zu freuen, dass man's bis hierher geschafft hat.

Bei manchen dauert's zehn, bei manchen zwanzig, bei anderen vierzig Jahre. Und wenn man dann feststellt: Es ist doch noch nicht alles gesagt und alles getan, ja, dann machen wir das eben noch! *Slightly worn, but dignified.* Ein bisschen in die Jahre gekommen, aber mit Würde. Oder wie dieser Ösi-Sänger sagen würde: »Komm wir streichen vierzig Jahr, hol'n jetzt alles nach, als ob dazwischen einfach nix war.«

Die Methode ABBA für alle: Lebe die Langsamkeit!

- Push-Nachrichten abstellen: Ein neues ABBA-Album gibt's ja nicht mehr. Was also dürfte so wichtig sein, dass es uns bei der Midday-Sleep-Routine stören darf?
- Unbeantwortete *WhatsApps* durchgucken und nach einem Dreivierteljahr antworten »Gut, und Dir?«
- Öfter mit Bargeld zahlen. Das ermöglicht einem sehr schöne Gelegenheiten zum Krafttanken im Alltag, wenn man sich lässig auf die Ablage lehnt und dem Kassierer entgegenraunt: »Gucken Sie mal! Das ist gar kein 10-Cent-Stück! Das ist noch eine griechische Drachme! Sicher aus meinem Zypern-Urlaub 1995, waren Sie da auch schon mal?«
- Wenn man beim Arzt nach dem Alter gefragt wird, einfach lange grübeln und sagen: »Also,

als ich mich ins Wartezimmer gesetzt habe, war ich noch 49.«

- Statt Extremwandern am Amazonas einfach einen abendlichen Gang um den Block unternehmen. Wer Angst hat, dass das uncool wirkt, sagt einfach: »Ich geh noch schnell auf eine highly functional Urban-Street-Exploring-Challenge.« (neudeutsch für »einmal um den Pudding«).
- Die Morgenroutine aus Tai Chi und Hai-Thi-Thai abschaffen und statt mit Hokkaido-Hibiskus-Heilwasser zu gurgeln, lieber einfach eine Stunde länger schlafen.
- Flexible Rücktrittsrate bei Verabredungen wählen: Wollen wir uns mal wieder zum Kaffee treffen? Nächsten Sommer, oder vielleicht im Mai 2027? Bis dahin habe ich auch endlich mal das Zimtschnecken-Rezept ausprobiert, das bei mir schon zehn Jahre am Kühlschrank hängt.
- Zum Bauch-Beine-Po-Workout *Like An Angel Passing Through My Room* hören. Mit 53 Beats per Minute wohl der langsamste ABBA-Song ever. Hinterher ist man so entspannt, dass einem Bauch, Beine und Po gefallen, wie sie sind.
- Sich öfter mal rarmachen und dann mit Pauken, Trompeten und Blumen-Bademantel zurückkommen. In vierzig Jahren. Wem das zu lange dauert: 39 Jahre reichen auch.

Outro: Das Ding mit ABBA

Und es ist schon wieder Sommer. Ich sitze im Wartezimmer eines Hertener Krankenhauses und fächere mir mit einer *Gala* Luft zu. Kommt es mir nur so vor, oder vergehen die Jahreszeiten schneller, wenn man älter wird? Ich habe doch gerade erst die Dreiviertelhosen und Sommerkleider in den Schrank gestopft, und schon sitze ich hier wieder im Flatterkleidchen und tupfe mir verschämt Kölnisch Wasser auf die Handgelenke, wenn keiner guckt.

Gleich würde ich den Ärzten erklären, dass man auf einer neuen Hüfte nicht stehen kann und ich daher direkt eine zweite bräuchte. Ich gucke raus auf den Parkplatz und denke an die Zeit, als es erst im August Sommer wurde und nicht im Mai. Als hier, wo jetzt ein großer Betonklumpen steht, noch ein kleines Krankenhaus stand, auf dessen Innenhof, jetzt ein Parkplatz, Sommerfeste gefeiert wurden. Sofort schießt mir Joni Mitchell in den Kopf: »They paved paradise and put up a parking lot.« Am Kiosk am Eingang gab's *Disney's lustige Taschenbücher*, Kaugummizigaretten und Sonnencreme, die den Produktvorteil »ohne Lichtschutzfaktor« bewarb.

Auf meinem Schoß jongliere ich den Blätterstapel mit

dem Ausdruck meines ABBA-Buchs. Es ist fast fertig … nur der Schluss fehlt noch.

»Na, hamse sich wat zum Aabeiten mitgenommen?«, bemerkt meine Sitznachbarin, eine Dame Ende fünfzig, Anfang sechzig mit exorbitant geblümtem Oberteil und Seniorenhandy an der goldenen Kordel, das sie trägt wie einen Verdienstorden am Band.

Ja, bissel was zum Korrigieren.

»Wat schreimse denn?«

»Och, so ein Buch, über ABBA, und irgendwie auch über …«

»Ach ja, die Achnäta, dat war'n Gerät, nä! Wie hieß noch nie andere, Fernanda …«

»Frida.«

»Nä, Anne-Fritt hieß die, wissense, ich kenn mich aus! Ich hab' ja früher selbst mitti Schulband ABBA nachgesungen, nä!« Ich erstarre kurz und verbiete meinem Hirn, weiterzudenken.

»Aber warum wollnse denn da so'n ganzes Buch drüber schreiben? Watt ist denn datt Dingen mit ABBA?«

»Das Ding mit ABBA ist …«, setze ich an und mache eine bedeutungsschwere Pause, »das Ding mit ABBA ist, dass jeder ein Ding mit ABBA hat. Menschen meines Alters haben Erinnerungen. An ihre Kindheit, in der sie ›Wulli-Wuh‹ in die Warmluftbürste sangen. An ihren Papa, der bei einem Hochzeits-Surprise-Act als Björn verkleidet in die Torte gefallen ist. An ihre Oma, die auf dem Wochenmarkt immer ›Chiquitita-Bananen‹ gekauft hat und das jedes Mal aufs Neue als Mörder-Gag einstufte. An ihre Mama, die immer aufgeregt opulente Bütterchen-Tabletts bereitgestellt hat, wenn ABBA im Fernsehen aufgetreten sind, als würde gleich ein Königspaar in der Kutsche durch die Straßen rollen.

Die Jüngeren wurden von ihren Eltern in *Mamma Mia!* geschleppt und haben gelernt, dass *Gimme! Gimme! Gimme!* gar nicht von Madonna ist, zu viele Batikröcke den gleichen Effekt haben wie LSD und die Musik, die ihre Eltern hören, gar nicht nur eine Abwaschuntermalung ist. Oder wie wir im Ruhrgebiet sagen: ›90 Minuten Hardcore – Echte Gefühle!‹ Es gibt offenbar nicht nur generationsübergreifende Traumata, die Familien vor den Schicksalskarren spannen, sondern auch vererbte Glücksgefühle. Selbst die, die ABBA doof finden, erinnern sich im momentanen Revival-Regen daran, dass sie sie doof fanden, und schwelgen stattdessen in Erinnerungen an die *Bay City Rollers* oder *Smokie*. Und fühlen sich dann auf ihre Weise gut.

ABBA sind der silberne Löffel, der in einem prächtigen Stofftuch von Generation zu Generation weitergereicht wird, und gleichzeitig die Plastik-Pommesgabel, die wir hassen, weil sie schlecht für die Umwelt ist, aber auch so lieben, weil sie uns an die Zeit erinnert, in der Freibadpommes nur eine Mark kosteten und eine Portion für drei reichen musste. Und sie sind die erste Popgruppe, die vom schwedischen Königshaus den Vasa-Orden für herausragende Leistungen in der schwedischen und internationalen Musik verliehen bekommen hat.«

»Vasa? Gustav, wo ist denn meine Tupperdose?«, fragt

eine ältere Dame ihren Gatten und fängt an, in dessen Rollatortasche zu kramen. »Ich hatte doch so'n paar Knusper-Knäckes für zum Futtern eingesteckt.«

Andere Wartende verschanzen sich demonstrativ hinter der *ADAC Motorwelt* oder starren auf das längst gelöste *Wordle* auf ihrem Smartphone, ein paar Unerschrockene schauen mich an.

»ABBA sind vier Menschen, die wir nie getroffen haben, die aber trotzdem immer bei uns waren«, mache ich unbeirrt weiter. »Ein Mysterium, an dem alle Erklärungsversuche scheitern. Ein bisschen wie Gung aus der Lindenstraße, von dem nie einer wusste, wer er war und was er eigentlich so machte, aber der immer, wenn's drauf ankam, einen schlauen Konfuzius-Spruch aus der Küche gerufen hat. Ihre Lieder haben uns gezeigt, dass Freude und Traurigkeit zusammengehören. Sie sind die Stunde null der Popmusik.«

»Stunde null? Hertha, sind wir schon dran?«, murmelt der inzwischen auch sein Knäckebrot suchende ältere Herr. Doch ich lasse mich nicht ausbremsen.

»Aber ABBA sind so viel mehr als das!«, referiere ich weiter. »Sie sind ein lebendes Plädoyer für ›Wir wissen nicht, ob's was wird, aber wir machen einfach!‹ Einfach mal in einen Hosenanzug einnähen lassen. Einfach mal Videos drehen, die in Ecken leuchten, die sonst nur der Zahnarzt sieht. Einfach mal den Fotografen ins Wohnzimmer reinlassen. Einfach mal in Alufolie posieren. Einfach mal aufhören, wenn man keinen Bock mehr hat. Einfach mal einen Botanik-Bolero anziehen …«

Ich schaue auf das quietschbunte Oberteil der Frau, dessen Stretchvermögen im Lauf der Jahre offenbar ein wenig eingebüßt hat. Das Azurblau der Hyazinthen und das Orange der Papageienblumen gehen schon seit mehreren Minuten eine halluzinöse Liaison ein, die mir fast schon Angst macht. Trotzdem setze ich mit letzter Kraft zum Finale an, während mir meine Zettelsammlung vom Schoß fällt.

»Einfach mal ein ABBA-Buch schreiben!«

Die Frau fängt eher unbeeindruckt an, mit ihrem Oberteil ihre goldene Brille zu putzen. Ich glaube, sie ist gedanklich noch bei der Pommesgabel.

»Und datt will einer lesen?«, will sie wissen. Sie lacht ein ernie-esques »chr-chr-chr«, das nur mittelalte Frauen im Ruhrgebiet können.

»Weiß ich nicht. Aber wer zur Hölle bin ich, wenn …«

Weiter kam ich nicht. Anscheinend aus Angst davor, dass ich noch eine flammende Lobesrede über *Cornetto Nuss* oder *Hart aber herzlich* im Repertoire habe, steht sie umständlich vom Stuhl auf, streift sich ihr Dschungelleibchen glatt, deutet auf den Getränkeautomaten im Gang und krächzt: »Wollense auch einen?«

»Unbedingt!«, sage ich. »Wissen Sie, ich darf nämlich schon Bohnenkaffee.«

Anmerkungen

1 https://www.rollingstone.de/wie-ein-autounfall-die-toten-hosen-loben-die-cdu-fuer-tage-wie-diese-einsatz-360711/ [letzter Aufruf 29.7.2024]
2 https://www.youtube.com/watch?v=-KBqhMSqUzE [letzter Aufruf 29.4.2024]
3 https://www.youtube.com/watch?v=bonFoK1wY0I [letzter Aufruf 5.8.2024]
4 https://www.theguardian.com/music/2014/apr/10/ABBA-interview-bjorn-ulvaeus-frida-lyngstad [letzter Aufruf 29.7.2024]
5 https://www.youtube.com/watch?v=5HP8_f490ME [letzter Aufruf 29.7.2024]
6 https://www.dailymotion.com/video/x8g6ap [letzter Aufruf 5.8.2024]
7 https://www.theguardian.com/music/2014/feb/16/abba-outfits-tax-deduction-bjorn-ulvaeus [letzter Aufruf 29.7.2024]
8 Andrew Oldham, Tony Calder, Colin Irwin: *ABBA. Thank you for the music.* Ullstein, 2000.
9 https://www.youtube.com/watch?v=3aXFwIgIzaU [letzter Aufruf 29.7.2024]
10 BRAVO Nr. 43, 1979
11 Karlheinz Schaffer: Das Phänomen ABBA. Zur Ästhetik, Soziologie, Rezeption und zum kompositorischen Schaffen. Masterarbeit zur Erlangung des akademische Grades Master of Arts (MA) am der Karl-Franzens-Universität Graz. Graz, 2015
12 https://rp-online.de/panorama/religion/mythos-blond-zwischen-christkind-locken-und-kult-haarfarbe_aid-102767069 [letzter Aufruf 30.7.2024]
13 Hitkrant, 1.9.1977
14 Heft 31, 5.8.1977

15 https://youtu.be/q97iIDx-b7U?si=S0Ep1-FcCTaCAdPv [letzter Aufruf 5.8.2024]

16 https://www.youtube.com/watch?v=AqPScYnbhU8 [letzter Aufruf 30.7.2024]

17 https://www.youtube.com/watch?v=_Nb1HvtU1aI [letzter Aufruf 30.7.2024]

18 https://www.youtube.com/watch?v=BP5mdfrLEkU [letzter Aufruf 30.7.2024]

19 https://www.rnd.de/panorama/esc-1974-mit-waterloo-begann-die-ABBA-mania-CPKC5JXWIVBQPGY56RZUHGKHOU.html [letzter Aufruf 30.7.2024]

20 https://www.youtube.com/watch?v=thd9r0tFSmc&t=704s [letzter Aufruf 30.7.2024]

21 https://www.wacken.com/de/community/wacken-stories/wacken-stories-mambo-kurt-1/ [letzter Aufruf 30.7.2024]

22 https://www.udiscover-music.de/news/deshlab-war-lemy-ein-riesiger-ABBA-fan [letzter Aufruf 30.7.2024]

23 https://www.metal-hammer.de/ritchie-blackmore-ist-riesiger-ABBA-fan-2182575/[letzter Aufruf 30.7.2024]

24 Hotel Matze, Folge 256

25 Carl Magnus Palm: ABBA. *Thank you for the music.* Palazzo Editions Ltd., 2022. S. 25

26 ebenda S. 26–27

27 Vgl. https://ABBAsite.com/articles/the-girl-with-the-golden-hair-ABBAs-mini-musical/ [letzter Aufruf 30.7.2024]

28 Robert Scott: *Thank you for the music. Die Storys zu allen Songs.* Edel, 2011. S. 108

29 https://www.youtube.com/watch?v=XRu6phWfuc8 [letzter Aufruf 30.7.2024]

30 https://www.youtube.com/watch?v=u38t7I17kP8 [letzter Aufruf 30.7.2024]

31 https://www.youtube.com/watch?v=RL6zoDy7mG8 [letzter Aufruf 30.7.2024]

32 https://www.deutschlandfunk.de/schweden-banden-kriminalitaet-100.html [letzter Aufruf 30.7.2024]

33 https://www.spiegel.de/ausland/schweden-wie-das-land-zum-schauplatz-blutiger-bandenkriege-wurde-a-84b95cc3-cb58-4d93-8e6e-4ef5292aa705 [letzter Aufruf 30.7.2024]

34 https://www.sueddeutsche.de/kultur/gelobtes-land-staaten-zwischen-image-und-realitaet-1.4125421 [letzter Aufruf 30.7.2024]

35 Vgl. https://www.bildungsraum.at/wie-ticken-die-schweden/ [letzter Aufruf 30.7.2024]

36 https://www.aok.de/pk/magazin/wohlbefinden/achtsamkeit/lagom-die-schwedische-gluecksformel/ [letzter Aufruf 30.7.2024]

37 https://www.swr.de/swr2/leben-und-gesellschaft/sehnsuchtsland-mit-schatten-sofie-donges-ard-korrespondentin-in-schweden-100.html [letzter Aufruf 30.7.2024]

38 https://www.deutschlandfunk.de/schweden-banden-kriminalitaet-100.html#C1 [letzter Aufruf 30.7.2024]

39 https://www.euractiv.de/section/energie-und-umwelt/news/klimaziele-gerissen-schwedens-regierung-bringt-land-auf-falschen-pfad/ [letzter Aufruf 30.7.2024]

40 https://www.youtube.com/watch?v=OnOca2yLVXQ [letzter Aufruf 30.7.2024]

41 https://www.t-online.de/mobilitaet/aktuelles/id_100041934/luxus-auto-von-ABBA-star-zum-schnaeppchenpreis.html [letzter Aufruf 30.7.2024]

42 https://www.abendblatt.de/hamburg/eimsbuettel/article242052866/Wie-ein-Hamburger-jetzt-mit-Herbert-Groenemeyer Geld-machen-will.html [letzter Aufruf 30.7.2024]

43 https://worldhappiness.report/ [letzter Aufruf 30.7.2024]

44 Zitiert nach Wikipedia https://en.wikipedia.org/wiki/The_Day_Before_You_Came [letzter Aufruf 30.7.2024] dort Carl Magnus Palm: *ABBA: Bright Lights, Dark Shadows*, S. 565

45 https://www.youtube.com/watch?v=hKMz6odPEOM [letzter Aufruf 30.7.2024]

Danksagung

Ich danke Antje Steinhäuser für das patente Lektorat, Gianna Slomka für die unermüdliche Organisation, Eva Brauer für Grafik-Support, Pia Ersfeld für Scandic-Input, Olli Haas für formidable Fotokunst und ABBA für die Erkenntnis: Now is all we get.

Unsere Leseempfehlung

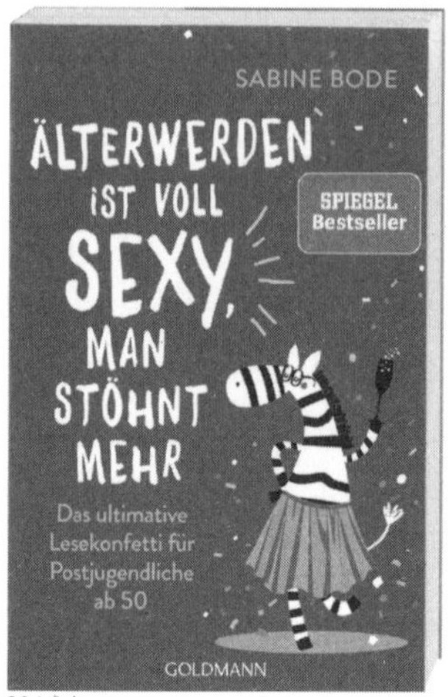

224 Seiten
Auch als Hörbuch und E-Book erhältlich

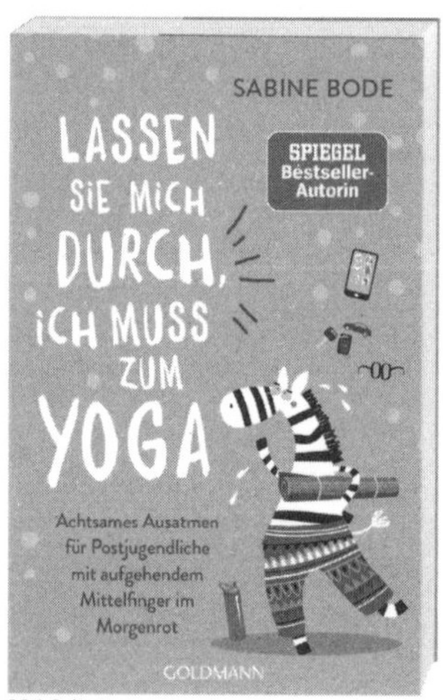

224 Seiten
Auch als Hörbuch und E-Book erhältlich

goldmann-verlag.de

GOLDMANN